AF247669

L. Délivrance
X
ouvrage bien
médiocre ! ...
D'en harasse
fini.

Nom et adresse de l'exp

Rosseeuw Saint Hilaire
(1804-1889)

Vieux bonhomme, vieux toqué!
Pasteur et prédicant Luthérien
manqué! Piétiste illuminé!
et fanatique enragé! Utopis-
te, cosmopolite, et sans
patrie! réactionnaire
et conservateur idiôt!
faux libéral! orthodoxe dans
le Protestantisme et aussi
absolutiste que le Pape!
eut imposé à la France la
Réforme par ordre, par décret!

Grand Savant, et honnê-
te homme! mais vieille
bête!

LA DÉLIVRANCE

PARIS. — TYPOGRAPHIE DE CH. MEYRUEIS
13, RUE CUJAS. — 1871.

LA
DÉLIVRANCE

PAR

B. ROSSEEUW SAINT-HILAIRE

PROFESSEUR A LA FACULTÉ DES LETTRES

I. LA FRANCE — II. L'EUROPE

III. L'ALSACE — IV. LA COMMUNE — V. PARIS INCENDIÉ

VI. LE CATHOLICISME — VII. CONCLUSION

Deuxième édition

PARIS

DENTU, LIBRAIRE | CH. MEYRUEIS, LIBRAIRE
GALERIE DU PALAIS-ROYAL | 33, RUE DES SAINTS-PÈRES

1871

I

LA FRANCE

Février 1871.

Depuis 1815, le pied de l'étranger n'avait pas foulé le sol de
la France. Un ennemi implacable nous a fait sentir une fois de
plus toutes les hontes, toutes les amertumes de la défaite. Nous
avons vu de nos yeux, touché de nos mains, non plus chez
l'étranger, mais chez nous, ce que c'est que l'invasion! La
France n'avait plus soif que de paix et de liberté : on lui a
infligé la guerre; elle l'a subie en la déplorant, elle l'a faite en
la maudissant, et maintenant elle n'a plus qu'une pensée, celle
d'ôter à son gouvernement, quel qu'il soit, le droit de la jeter,
au gré de son caprice, dans tous les hasards, les humiliations
et les désastres que nous venons de traverser.

A cette heure solennelle, la plus douloureuse peut-être de
notre histoire, avec deux armées prisonnières, et l'Allemagne
tout entière sous les murs de Paris, il s'agit de nous demander
quelle leçon la France doit tirer de cette cruelle épreuve.
Voici bientôt quatre siècles, à dater des guerres d'Italie, que la
France trouble périodiquement le repos de l'Europe, et le menace quand elle ne le trouble pas. Depuis 1789 surtout, elle
n'a pas cessé, même en temps de paix, d'être un épouvantail
pour tous les Etats du continent, et pour l'Allemagne en par-
ticulier. Or ce que les peuples pardonnent le moins, c'est la
peur qu'on leur a fait. Faut-il s'étonner, après cela, que la
Prusse, si durement traitée par nous en 1807, ait voulu avoir
une revanche de plus, après celles de 1814 et 1815, et qu'elle

se soit vengée de sa peur en nous traitant à son tour sans pitié?

Jetons un coup d'œil rapide sur les quatre-vingts dernières années de notre histoire, si triste, hélas! et si riche en leçons qui n'ont jamais porté fruit! Ce qui nous frappe tout d'abord, c'est que si la France, sous ses rois, a longtemps fait trembler l'Europe, la France républicaine le fait encore davantage. Le continent se scinde encore en deux camps, comme aux jours où il fallait choisir entre le Catholicisme et la Réforme. Tous les rois se sentent ligués d'avance contre ce principe républi-cain qui vient de se lever pour la première fois à l'horizon de la monarchique Europe. Avant 1793, il y avait eu des peuples libres, plus vraiment libres que nous; mais la propagande de la liberté ne s'était pas encore faite le sabre à la main, comme celle de l'islam. Les guerres de religion ont fait leur temps; mais le fanatisme, qui en était l'âme, leur a survécu. La liberté, dont la France, pendant tant de siècles, n'avait pas même senti l'absence, y devient une religion qui suffit à rem-plir les cœurs, et qui y a presque détrôné l'autre.

Attaquée par les rois du continent, la France lance sur eux quatorze armées à la fois, et tient tête à l'Europe entière. Mais comme, au fond, la liberté sur notre sol n'a jamais eu de ra-cines, parce qu'elle ne s'y est jamais entrelacée avec la foi; comme l'Évangile républicain ne parle à l'homme que de ses droits, jamais de ses devoirs, la liberté meurt bientôt, étouffée sous ses propres excès, et le Directoire garde la place vacante pour le despote à venir.

Chose étrange! la France, incrédule par tempérament, a toujours besoin d'une idole. Tout principe, pour elle, doit nécessairement s'incarner dans un homme. Un soldat heureux vient, à une heure propice, s'offrir pour personnifier la Révo-lution, et la sauver, de l'ennemi d'abord, puis d'elle-même et de ses égarements. De victoire en victoire, il finit par se rendre indispensable. Puis enfin, écartant du coude les cinq diminu-tifs de roi qu'il remplace par deux consuls, presque aussi effacés, il finit par s'asseoir seul sur ce trône qu'on croyait abattu pour jamais.

A dater de ce jour, ce n'est plus un homme, c'est le génie même des combats qui règne sur la France avec Napoléon Ier. Nul conquérant, depuis Alexandre, n'a ainsi fait la guerre en artiste, pour le seul plaisir de la faire. Joueur habile et heureux, il aime ce jeu sanglant où se déploient ses rares facultés. Pour Jules César, la guerre ne fut qu'un moyen, jamais un but ; pour le conquérant moderne, la guerre est à la fois le moyen, le but, la passion même qui le fait vivre, et qu'il communique à la France, façonnée à son image. Dans cet immense égoïsme, digne pendant de celui de Louis XIV, elle s'est absorbée tout entière, toujours prête à verser sans murmurer le plus pur de son sang pour agrandir encore cet Empire sans limites. Le possible, le réel disparaissent pour faire place aux rêves. La France, de Dantzig à Rome, couvrira bientôt toute l'Europe, et, sans l'Angleterre et son gigantesque blocus, elle déborderait sur le monde !

Mais le plus triste, c'est que ce même peuple, qui avait pris le fusil en 92 pour défendre sa liberté, le prend maintenant pour opprimer la liberté des autres. Il sème des monarchies autour de lui comme naguère des républiques. La guerre révolutionnaire, énergique représaille de la France contre les rois qui l'avaient mise au ban de l'Europe, se change en guerre de conquêtes. En se faisant pendant quinze ans le complice de l'aventurier de génie qui la traîne à sa suite, elle s'est ôté le droit de le blâmer ; et quand vient, avec Tilsitt, l'époque des grandes fautes ; quand « Jupiter, comme dit le poëte latin, a privé de sens celui qu'il veut perdre, » elle est condamnée à le suivre partout, en Espagne, en Russie, jusqu'au fond de l'abîme où il l'entraîne avec lui !

Du reste, chez notre pauvre humanité, toujours à genoux devant le succès, stupidement idolâtre de la force qui l'écrase, quel est le conquérant qui, tant qu'il a été victorieux, n'a pas eu le peuple pour lui? Le sentiment public ne s'est révolté contre le vainqueur d'Austerlitz que quand la fortune l'a abandonné, et, s'il eût été heureux jusqu'au bout, qui aurait songé à le trouver coupable? Hélas! même aujourd'hui, supposez notre armée triomphante à Berlin au lieu d'être prisonnière à Sedan, et dites-nous si cette guerre, que tout le monde maudit parce qu'elle a mal tourné, ne serait pas auprès des masses, qui ne jugent que d'après l'événement, aussi populaire que celles du premier Napoléon.

L'Empire une fois écroulé sous le poids de ses fautes, de ses revers mérités et de l'exécration des mères, les deux gouvernements qui lui succèdent évitent la guerre avec autant de soin qu'il en mettait à la chercher. Certes, nous ne leur en ferons point un tort, mais plutôt un mérite; et cependant, au point de vue de leur intérêt, tous deux se sont trompés : nous ne savons si la guerre les eût fait vivre plus longtemps, mais la paix les a tués! La Restauration succombe au bout de quinze ans sous le faix de son impopularité, victime de ce tort que notre pays ne lui a jamais pardonné, celui d'y être rentrée à la suite de l'étranger. Quant au roi-citoyen, appelé au trône par la plus légitime de toutes les insurrections, il a eu aux yeux de la France un tort non moins grave : celui de la vouloir prospère et calme au dedans, plutôt que grande et respectée au dehors. Roi pacifique et bourgeois, il n'a jamais compris le caractère du peuple que Dieu lui avait donné à gouverner : il a cru pouvoir se passer de ce prestige que donne aux conquérants un million d'hommes semés sur les champs de bataille pour ajouter une légende à leur nom ou une province à leur empire !

Louis-Philippe a commis des fautes, nous sommes loin de le nier. Il en a été puni plus sévèrement que ne le voulait la France. Elle appelait une réforme, on lui a donné une révolution ! Mais de toutes les fautes du dernier de nos rois, la plus grave peut-être aux yeux du pays, celle qui l'a perdu, c'est de s'être toujours refusé à faire la guerre, même en 48, contre des sujets révoltés, pour ressaisir la couronne qui lui échappait. Cette aversion pour la guerre, qui était chez lui non pas manque de courage, mais affaire de tempérament, l'honore à nos yeux. C'est le seul grand côté de cette âme, peu faite pour le trône, et qui n'en eut ni les vices grandioses, ni les vertus de parade. Paix soit donc sur sa cendre, et laissons-la dormir, exilée jusque dans sa tombe où l'on eût pu graver cette épitaphe : « Ci gît qui fut roi des Français, et n'aima pas la guerre ! »

Pourquoi ces deux tentatives, les plus sérieuses qui aient été faites pour fonder en France le gouvernement représentatif, ont-elles avorté toutes deux ? La faute en est-elle aux Bourbons qui ont violé le pacte conclu et au roi-citoyen qui l'a faussé ? Ou ne serait-elle pas plutôt à la nation, toujours portée aux extrêmes, et dénuée de ce sens pratique et de ce respect religieux de la loi qui seuls font les peuples libres ? Qu'a-t-elle vu jusqu'à cette heure dans le gouvernement parlementaire ? Une sorte de *Fronde* où son humeur batailleuse trouve à s'occuper ; où les spectateurs, quand ils sont las de regarder le spectacle, finissent par s'y mêler, jusqu'à ce que le drame, commencé par une émeute, se dénoue par une révolution ?

Hélas ! nous le constatons avec douleur : depuis 89, tout gouvernement en France est devenu impossible. Tous y avortent, tous meurent avant d'avoir vécu ! Les prétendants s'y accumulent comme pour donner à chaque parti son drapeau. Quinze ans, voilà la moyenne de durée de tous les régimes qui se sont succédé sur ce sable mouvant ! La monarchie représentative y a échoué deux fois parce que, au fond, elle est la forme politique la moins compatible avec la guerre, qu'elle n'est propre ni à décider, ni à faire. Deux fois le militarisme, greffé sur le pouvoir absolu, y a péri sous ses propres excès, après avoir infligé au pays les humiliations les plus amères qu'il ait jamais subies. Enfin la République y a aussi avorté deux fois sans pouvoir y prendre racine. Sa troisième tentative sera-t-elle plus heureuse ? Dieu seul le sait ! mais nos vœux les plus sincères accompagnent en ce moment les hommes de cœur qui tentent l'expérience dans les circonstances les plus graves où une nation se soit jamais trouvée. C'est à la France républicaine de nous montrer maintenant si elle est digne de ce gouvernement qui *oblige* comme la noblesse ; car il suppose les peuples à la hauteur des devoirs qu'il leur impose et des dangers qu'il leur inflige !

En théorie, nous nous inclinons avec respect devant la forme républicaine, austère idéal vers lequel tendent plus ou moins tous les peuples du continent. L'essai malheureux qu'en a fait la France en 48 ne prouve qu'une chose, c'est qu'elle n'était pas mûre pour une forme politique qui réclame précisément toutes les vertus qu'elle n'a pas. L'est-elle davantage aujourd'hui ? C'est ce que les événements ne tarderont pas à nous apprendre. La République de 48 n'avait sa raison d'être ni dans les nécessités, ni dans les vœux du pays ; aussi, au bout de trois mois de durée, a-t-elle été forcée de réagir à coups de fusil contre l'excès de son principe, et de jouer aux journées de juin son va-tout contre l'anarchie. Celle-ci une fois vaincue, il s'est agi de gouverner, et la démocratie, dont l'heure n'avait pas sonné sans doute, s'étant montrée au-dessous de cette redoutable tâche, la France a encore une fois senti le besoin d'un *sauveur*.

Entre un gouvernement sans force, sans prestige, toujours alternant entre la violence et la faiblesse, et le neveu du Grand Capitaine, dont le nom seul parlait de gloire et de conquêtes, ces deux mots magiques, la France telle qu'on la connaît ne pouvait hésiter : elle a choisi Napoléon III, oubliant tout ce que ce nom fatal lui avait déjà coûté. Et puis, pendant ces trente-six ans de paix, coupés par quelques courts intermèdes de guerre civile, l'Empire, à mesure qu'il s'éloignait, avait repris un peu de prestige. Les vieux décors ternis pouvaient encore secouer leur poussière, sortir de la coulisse, et servir pour une représentation nouvelle. Quant au pays, républicain de

nom, mais monarchique d'instinct, déjà las de cette République sans gloire, subie plutôt qu'acceptée, il soupirait tout haut
après un changement quel qu'il fût, et se prêtait d'avance à la
dictature.

Un coup de main tenté à propos réussit, grâce à l'armée qui,
n'ayant plus sa place sous le régime nouveau, voulut la reprendre, et oublia un jour qu'elle était citoyenne. Un autre 18 bru-
maire, moins la gloire et plus la guerre civile, mit la France
aux mains du neveu du grand homme. Le sang coula dans les
rues, peu ou beaucoup, on ne sait, le pouvoir nouveau, pressé
d'enterrer ses morts, n'ayant pas laissé le temps de les compter.
La girouette, qui chez nous oscille sans cesse de l'anarchie au
despotisme, tourna encore une fois, et la France qui un beau
matin, en 48, s'était réveillée République, se réveilla Empire
en 51, toujours sans s'en douter.

Nous nous arrêtons ici, car l'histoire ne doit se contempler
qu'à distance, il faut l'éloignement pour la juger. Laissons les
faits s'éclaircir et les fautes porter leurs fruits amers, avant
d'essayer de les apprécier, et arrivons aux événements actuels
pour essayer d'en tirer la leçon qu'ils renferment. Nous dirons
ici notre pensée tout entière : La guerre qui vient de finir n'est
pas une guerre ordinaire ; c'est bien plus qu'une défaite, c'est
un châtiment ! La main de Dieu s'est abattue sur la France,
tout le monde le voit, tout le monde le sent, et beaucoup en
conviennent. Affolée de luxe et de plaisir, avide de s'enrichir
et de jouir, résignée à la servitude quand on la lui voile sous
un peu de gloire, la France ne se tient pas pour coupable, et
ne veut pas être punie. Comme un enfant rebelle, elle s'en
prend à la *verge* qui frappe, et ne sait pas voir la main qui la
conduit.

Mais nous en appelons ici à tout homme de bonne foi : les
événements qui viennent de se passer s'expliquent-ils par des
raisons ordinaires ? Comment avons-nous pu songer à attaquer
quand nous n'étions pas même en état de nous défendre ?

Comment la France, sans un allié sur le continent, a-t-elle pu jeter son défi à l'Allemagne du Nord, et se bercer du vain espoir qu'elle aurait pour elle l'Allemagne du Midi? Que comparer aux illusions de notre diplomatie, si ce n'est ses mensonges? Où trouver dans l'histoire un second exemple d'une guerre où les défaites succèdent aux défaites sans qu'un rayon d'espoir vienne sourire à nos malheureux soldats, toujours surpris avant d'avoir vu l'ennemi, vaincus avant d'avoir combattu, et menés à la tuerie comme un troupeau de moutons, sans savoir où on les conduit.

Puis, quand tous ces désastres ont abouti au désastre définitif de Sedan; quand la France, trompée sans être dupe jusqu'au dernier moment, commence à entrevoir la sinistre vérité; quand l'Empire s'effondre, comme une masure en ruines, sous le poids de ses fautes et de leur châtiment, alors la scène change tout d'un coup : avec l'empereur prisonnier disparaît l'Empire, enseveli sous le mépris. La République, appelée du haut des marches du corps législatif, y entre à la suite de l'émeute, et comme en 1848, c'est encore une surprise qui l'inaugure et un coup de main qui l'établit !

Tous les rôles sont intervertis : la Prusse, en repoussant une injuste agression, avait pour elle les sympathies de l'Europe ; elle y renonce pour attaquer à son tour. Son pieux monarque, le nom de Dieu toujours sur les lèvres, même en dépouillant ses voisins, avait prétendu ne faire la guerre qu'à l'empereur; c'est à la France qu'il la déclare maintenant, et la France accepte le défi. Une seconde guerre commence où tout a changé, excepté la fortune, toujours brouillée avec nos drapeaux. Au lieu d'une armée énervée par l'indiscipline, envahie comme ses chefs par le luxe et par la corruption, c'est un peuple entier qui se lève, comme en 92, pour tenir tête à l'Allemagne conjurée. Les sympathies du continent passent du côté des vaincus. La France, abattue, foulée aux pieds, se relève pour tenter un effort héroïque, tel que l'histoire en compte bien peu! Paris, cette ville d'affaires et de plaisir, si peu préparée aux souffrances et aux dangers d'un siége, se réveille tout d'un coup transformée en place de guerre, avec deux millions d'âmes pour garnison. Les femmes soignent, consolent les blessés, et enseignent aux hommes à supporter sans murmurer les privations et la faim. Elles voient leurs enfants s'étioler et mourir, faute d'air pur et de lait; elles voient les bombes s'abattre, comme un châtiment d'en haut, sur la cité profane, lavée de ses souillures par des souffrances si virilement supportées; elles voient leurs fils, leurs maris, revenir mutilés du champ de bataille, ou y périr de froid sur la terre durcie, et elles ne demandent pas à se rendre!

Quant aux hommes, hélas! pour en faire des soldats, il eût fallu avant tout leur apprendre à obéir! Comment la discipline, absente de notre armée régulière, aurait-elle existé dans une armée de conscrits? Des clubs, composés de traîneurs de sabres, qui parlaient et ne se battaient pas, forçaient les généraux à ordonner des sorties, où de pauvres enfants, qui ne savaient pas même tenir un fusil, venaient se briser contre un cercle de fer qui, chaque jour, se resserrait autour d'eux. Trompant et trompés tour à tour, Paris et la province ont mutuellement travaillé à se perdre : Paris, à bout de vivres, comptait sur la France pour le délivrer; la France comptait sur sa capitale comme l'âme de sa résistance; tous deux enfin, séparés par un ennemi en armes, s'appelaient, se cherchaient, par-dessus les lignes prussiennes, sans parvenir à se rejoindre!

La province, condamnée à se passer de Paris, a dû pour la première fois penser, agir par elle-même, et vivre de sa propre vie. La tâche était neuve et difficile; elle l'a acceptée sans savoir la remplir. Hélas! qui ne pleurerait sur tant d'efforts dépensés en vain, sur tant de jeunes vies moissonnées dans leur printemps? Un seul homme, incarnation vivante de la patrie antique, dans ce qu'elle eut de plus dur et de plus tyrannique, a ordonné tous ces sacrifices, et il a été obéi! Mais qui pourrait expliquer, sans une secrète dispensation de la Providence, ces armées qui, sorties de terre quand le dictateur a frappé du pied, ne se forment que pour être anéanties, fauchées avec la fleur de la France? Ces généraux en chef, condamnés à vaincre sous peine de mort, et pour qui la destitution est un refuge au lieu d'être un châtiment? Ces officiers qui se méfient de leurs soldats, et ces soldats de leurs officiers, ces généraux, suspects aux troupes qu'ils commandent comme au pouvoir qui les a nommés? Dans ces armées improvisées, on compte deux espèces de soldats : ceux qui, toujours prêts à se battre, portent seuls tout le poids de la guerre, et ceux qui ne sont bons qu'à fuir ou à se laisser faire prisonniers. Voilà ce que l'histoire dira, quand l'heure sera venue de l'écrire ! Alors, juste envers tous, elle payera son tribut à ces dévouements ignorés dont Dieu seul fut témoin, à ces hécatombes immolées sans fruit sur l'autel de la patrie; mais elle flétrira en même temps les lâches défaillances, les honteuses paniques de ces soldats malgré eux, résignés à tout, même à passer par l'Allemagne pour rentrer dans leur foyers !

Le monde a vu peut-être, au temps des invasions barbares, un demi-million de cadavres entassés en un jour sur un champ de bataille ; mais ce qu'il n'a pas vu, ce que, nous l'espérons bien, il ne reverra jamais, c'est un demi-million de prisonniers, promenant à travers l'Allemagne l'oisiveté forcée et les longs ennuis de la captivité ! C'est une armée entière, enveloppée à Sedan d'un seul coup de filet, et se rendant sans combat avec son empereur, et cette autre armée de valets qui le suit ! Qu'on nous dise si de pareils événements ne dépassent pas les proportions de l'histoire? Sans cet esprit de vertige que Dieu fait descendre sur les peuples aussi bien que sur les rois, comment comprendre cette méfiance maladive des masses qui, dans tout général, leur fait voir un traître, dans tout inconnu un espion; cette crédulité d'enfants qui ne veulent croire que ce qui les flatte, et repoussent ce qui les humilie ; cet épais ban-

deau sur les yeux d'un peuple qui s'acharne à ne pas voir sa
défaite, et à affirmer un triomphe qui fuit sans cesse devant
lui ! On veut tout expliquer par la trahison, rien par les fautes
des chefs ou le découragement des soldats, rien par la supériorité de l'ennemi en fait de discipline et de science de la
guerre ! « La France est vendue ! » répète-t-on sans se lasser,
de Paris à Bordeaux ; mais, ce qu'il faudrait dire, c'est : « la
France est vaincue ! » et en finir une fois pour toutes avec ces
fatales illusions qui ont fini par la perdre, à force de lui répéter qu'elle suffisait à se sauver.

Dans ces désastres inouïs, dont la continuité seule est déjà
un prodige, bien des gens ne veulent voir qu'une aveugle fata-
lité ; mais nous y voyons, nous, la main de Dieu ! Nous la
voyons dans cet hiver, si rude à supporter pour nos pauvres
soldats, mal nourris, à peine vêtus, et dormant sur la dure aux
injures de l'air ; pour nos blessés, oubliés pendant des nuits
entières sur la terre glacée, ou couchés sur de la paille dans
quelque chaumière en ruines, veuve de ses habitants ; pour
nos paysans enfin, chassés de leurs toits dévastés pour camper
en plein air, pendant la froide nuit, sans pain et sans abri !

Eh bien, toutes ces misères, il faut le rappeler à ceux qui
l'oublient, la France les a infligées à l'Allemagne, non pas six
mois, mais huit ans, de 1805 à 1813, et les deux invasions de
1814 et 1815 ne les avaient pas assez vengées ! A qui donc
nous en prendre ? Est-ce à nous-mêmes ou aux aveugles instru-
ments dont Dieu s'est servi pour nous châtier ? Est-ce au second
empire, copie maladroite du premier, dont il eut les vices
sans la grandeur ? Mais ne nous sommes-nous pas faits ses
complices, en l'acceptant d'abord, puis en nous plongeant
avec lui dans cette longue orgie de luxe et de corruption dont
il nous a donné la leçon et l'exemple ? Après lui, un ennemi
sans pitié a rançonné, pillé, bombardé nos villes, dévasté nos
campagnes, et laissé, hélas ! dans nos cœurs des semences de
haine qui vivront encore quand ses ravages seront effacés !

Mais il faut remonter plus haut et plus loin : derrière les hontes et les désastres du temps présent, derrière la longue traînée de sang et de ruines laissée sur notre sol par les pas de l'étranger, il y a, sachons le voir, aveugles que nous sommes, il y a la justice divine qui demande à être satisfaite !

« Mais, dira l'incrédule, pourquoi Dieu châtierait-il ainsi la France ? Sommes-nous plus coupables que d'autres peuples qu'il épargne, plus coupables que l'ennemi qu'il a chargé de la punir, et qui n'est ou ne se dit chrétien que pour déshonorer l'Evangile ? » — Oui, car nous sommes le seul peuple en Europe qui, depuis deux siècles bientôt, ait essayé de se passer de Dieu ; le seul où les hommes rougissent de fléchir le genou devant lui, et abandonnent aux femmes l'ombre de religion que deux siècles d'incrédulité nous ont laissée !

Et maintenant, que doit faire la France pour désarmer la colère divine ? Avant tout, s'avouer qu'elle est vaincue, ce qu'elle n'a pas fait encore ; se sentir abattue, foulée aux pieds, impuissante à se redresser par son propre effort, et saisir la main que Dieu lui tend pour la relever ; confesser tout haut qu'elle ne peut plus compter sur aucun secours humain..... Et alors, si elle en vient enfin à reconnaître qu'elle est perdue, et que Dieu seul a tout conduit, s'humilier, se repentir, et en appeler, du juge qui punit, au père qui ne demande qu'à pardonner.

Quand les prophètes de l'ancienne loi dénonçaient à Israël les châtiments prêts à fondre sur lui, ils avaient à leur service la toute-puissance de Dieu et les prodiges dont elle les armait. Mais les miracles manquent-ils aujourd'hui ? Où en trouverait-on de plus saisissants dans tout l'Ancien Testament que cet inexplicable affaissement de la France, expiant par des désastres inouïs son amour effréné de la guerre, et ses dix siècles de conquêtes, de Charlemagne à Napoléon ? Et cet effondrement de l'Empire, si soudain, si merveilleux, qu'on croirait voir l'histoire écrite par le doigt flamboyant de Dieu sur les

murs du palais de Balthazar ! « Vous ne croyez pas aux miracles, dites-vous ! » Eh bien, allez voir le château de Saint-Cloud,
contemplez ce fantôme de palais, avec ses fenêtres béantes,
noircies par l'incendie, ses toits, ses plafonds défoncés, et ses
quinze pieds de débris entassés sur le sol, et vous sentirez que
sur ce toit maudit se sont abaissées les vengeances divines ; et
vous lirez, clouée sur ses murs désolés, cette sentence de con-
damnation : « Voilà ce que le plébiscite a coûté à la France ! »

Nous ne nous faisons pas d'illusions : nous savons que tout
un peuple d'incrédules, soudainement éclairé par la grâce d'en
haut, ne va pas venir, en se frappant la poitrine, assiéger la
porte des églises. Mais ce que nous savons aussi, c'est que
notre malheureux pays, labouré par l'épreuve, est mûr pour
recevoir la divine semence. Nons en appelons avec confiance à
tous les esprits droits, à toutes les âmes honnêtes : peuvent-
elles méconnaître la main du Tout-Puissant dans ce qui
se passe aujourd'hui? Ah ! si l'humiliation et le repentir pouvaient remplacer dans les cœurs la haine qui les remplit; si à
la vue de ces maisons incendiées, de ces ruines faites de main
d'homme, on savait se dire : « L'ennemi n'est qu'un instru-
ment, c'est Dieu qui a tout dirigé, tout conduit, et il ne nous a
pas fait plus que nous ne méritons! » il y aurait encore pour
nous, dans notre chute profonde, l'espoir d'un relèvement.

Mais si cette dernière leçon ne doit pas porter plus de fruits
que les autres, alors dût-on nous accuser d'être un prophète
de malheur, nous répèterons ici ces paroles que nous pronon-
cions à Paris, le 2 novembre 1869, dans le temple du Saint-
Esprit, devant une nombreuse assemblée, et que nous écrivions
encore en juillet 1870, quelques jours avant la guerre :
« Si la France ne veut pas revenir à Dieu, elle est perdue, perdue sans retour! Son avenir, qui pourrait être encore si grand
et si beau, du jour où elle se retremperait aux sources vives de
la foi, passera à d'autres peuples, prêts à lui succéder. Les
races du Nord, plus jeunes, plus vivaces, reprendront sur les

racés latines l'ascendant que leurs aînées n'ont pas su garder. Il en sera de nous alors comme de ce vieux monde romain qui, après avoir repoussé le nouveau principe de vie que lui apportait le christianisme, s'écroula un beau jour sous le poids de sa décrépitude et de ses vices, pendant que les barbares, civilisés par la foi, se partageaient son héritage. »

Nous avons montré à notre pays la seule issue par laquelle il puisse sortir de l'abîme où il est plongé. A lui de décider maintenant s'il veut continuer de marcher dans la voie qui l'a perdu. Il est temps, plus que temps, pour cette France trop longtemps mineure, d'arriver enfin à âge d'homme ! Qu'elle apprenne à s'incliner devant la religion et devant la loi, deux cultes dont l'un ne peut exister sans l'autre ! Quand on a, comme nous, la manie de se croire et de se dire tout haut le premier peuple du monde, il faut d'abord se respecter soi-même pour que les autres vous respectent. Il faut ensuite savoir ce que l'on veut, ce qui est le plus sûr moyen de l'obtenir. Royauté héréditaire ou élective, Empire, République, nous avons tout essayé, sans savoir nous arrêter à rien. Notre promptitude à accepter ou à subir un gouvernement nouveau ne peut se comparer qu'à notre facilité à le laisser tomber. Nous venons de le voir à cette heure suprême : l'incrédulité et la corruption ont brisé le nerf de la France. Le ressort moral lui a fait défaut bien plus que la force matérielle pour soutenir la lutte. Elle a perdu jusqu'à son courage, la dernière des vertus qui semblait devoir lui manquer, ou elle ne l'a retrouvé que contre ses concitoyens... Mais régénérée, purifiée par l'épreuve, revenue à la foi de son enfance, elle trouvera encóre dans sa souple et riche nature les ressources nécessaires pour reprendre en Europe le rang qu'elle y a perdu. Qu'elle s'humilie devant Dieu, et elle se relèvera bientôt aux yeux du monde !

II

L'EUROPE

En disant la vérité à nos compatriotes, nous avons acheté le droit de la dire à nos ennemis. En réalité, nous n'en avons qu'un en Europe, la Prusse! Elle seule a donné à cette guerre le caractère qu'elle gardera dans l'histoire, celui d'une guerre d'extermination; c'est elle seule que nous en rendons responsable devant Dieu et devant les hommes! Mais tant de haines sont déjà soulevées autour de nous qu'il nous répugne d'y ajouter encore, en insistant sur le mal qu'elle nous a fait. Pour étudier la Prusse, nous voudrions nous soustraire au temps présent et à ses amertumes, et nous faire postérité pour la juger froidement, au point de vue de l'histoire.

La Prusse est la Macédoine des temps modernes; elle est née du militarisme, et elle périra par lui! C'est faire beaucoup d'honneur à l'Allemagne que de la comparer à la Grèce; mais, comme elle, après avoir vécu par l'intelligence, elle plie en ce moment sous la force brutale, et est devenue vassale d'une de ces rudes tribus du Nord, dont l'Europe ignorait le nom il y a deux siècles. La Macédoine n'a eu que deux règnes, Philippe et Alexandre, qui ont pour pendant Frédéric II et Guillaume. Combien de temps durera l'hégémonie prussienne? Nous l'ignorons; mais regardez les arbres de nos forêts : tous ceux qui ont longtemps à vivre mettent longtemps à pousser; et la croissance de la Prusse a été trop rapide pour qu'à la force puisse encore s'ajouter la durée.

Ce que les Prussiens ont fait chez nous, nous l'avons fait chez eux, et nous l'aurions recommencé peut-être si nous avions pu reprendre encore le chemin de Berlin. Seulement, en apportant la guerre sur notre sol, ils y ont mis le cachet de leur race, ultra-civilisée et barbare tout ensemble. Ce cachet, c'est la cruauté systématique, la science de dévaster à froid et sans colère, et de saigner à blanc un pays, d'après une consigne venue d'en haut, et que des soldats, plus pitoyables que leurs chefs, exécutent souvent à regret.

Quant à l'Allemagne, avant de nous rendre compte du rôle qu'elle a joué dans le conflit, et du profit qui doit lui en revenir, on nous permettra de rappeler ici un souvenir qui contraste avec les amers sentiments dont les cœurs sont remplis. Il y a trente ans, nous traversions, à pied le plus souvent, toute l'Allemagne du Sud jusqu'à Vienne. Une pensée nous préoccupait, c'était de savoir si les Allemands nous avaient pardonné notre invasion continue de 1805 à 1813. Eh bien, nous sommes heureux de le constater, dans cette vaste succession d'Etats, qui s'étend du grand-duché de Bade à l'Autriche, en passant par le Wurtemberg, la Bavière et le Tyrol, nous n'avons pas trouvé trace de haine contre la France.

Mais, à défaut de rancunes contre nous, sait-on quels sont les deux sentiments que nous avons rencontrés partout dans l'Allemagne du Sud? Le premier, c'est la soif d'unité qui, depuis le morcellement de l'empire carlovingien, tourmente sans relâche cette grande fédération germanique, pour qui sa force n'est qu'un embarras, et son étendue une faiblesse. L'autre, c'est la haine contre la Prusse, sentiment unanime dans tous les rangs de la société, aux champs comme dans les villes, et traduit dans tous les patois qui défigurent l'allemand, du Rhin au Danube et de Coire à Vienne! Qu'a fait la Prusse pour soulever contre elle cette universelle réprobation? Ce n'est pas à nous, c'est à l'histoire de répondre; mais quant au fait, nous l'attestons, et quiconque a voyagé à cette date au delà du Rhin ne s'avisera pas de le contester. Mais, plus tard, le second empire, à force de tenir l'Europe sous une perpétuelle menace de guerre, a réveillé contre nous les vieilles rancunes germaniques, assoupies depuis 1815. L'Allemagne, affolée de terreur à ce nom de Napoléon, a cru voir le vainqueur d'Iéna sortir de sa tombe : elle a oublié, à force de craintes, ses haines et ses méfiances contre la Prusse, et s'est jetée sans réfléchir dans les bras du vainqueur de Sadowa, en lui demandant de la sauver, juste comme la France, en 1851, s'est jetée dans les bras du soi-disant *sauveur* qui lui a fait payer si cher son salut.

Il serait difficile, en ce moment, de se faire écouter de l'Allemagne, deux fois ivre, de son triomphe d'abord, puis de son unité reconquise. Mais, plus tard, quand elle nous aura pardonné la peur que nous lui avons faite, quand elle comptera ses morts et pansera ses plaies, elle se rendra compte de ce que lui aura coûté cette victoire qui n'est pas pour elle, qu'elle a semée, et qu'elle ne récoltera pas. Peut-être se dira-t-elle alors qu'une fédération de petits Etats indépendants valait bien une Allemagne une et asservie ! Alors aussi, quand elle sera de sang-froid, nous lui dirons, en lui tendant une main amie, que c'est à regret que nous nous sommes vus forcés de la combattre quand nous comptions l'avoir pour alliée, mais que nous ne la tenons pas pour ennemie; et nous lui répéterons ces paroles que nous lui adressions, il y a deux ans à peine : « Quand on connaît à fond l'Allemagne, on ne peut plus croire à la possibilité d'une guerre entre la France et elle. Pour rapprocher ces deux grands peuples, que tant de préventions éloignent l'un de l'autre, il faut d'abord leur apprendre à se connaître, ensuite à s'aimer, et à se tendre la main à travers ce Rhin qui les unit encore plus qu'il ne les sépare (1). »

Quant à la Prusse, après avoir proclamé bien haut qu'elle ne faisait pas la guerre à la France, mais à son empereur, l'empe-

____

(1) *Légendes d'Alsace*, p. 11, chez Meyrueis. Paris, 1868.

reur une fois tombé, elle l'a continuée contre la France. Après avoir humilié l'Autriche à Sadowa, et la France à Sedan, elle se vante, par la bouche de ses professeurs et de ses pasteurs, d'être l'exécutrice des hautes œuvres de la Providence, qui l'a chargée de châtier les fautes de la France. Mais dans cette mission toute providentielle qu'elle s'attribue, elle n'a oublié qu'une chose : c'est que la justice divine, qui punit les peuples les uns par les autres, a parfois des retours bien inattendus, et qu'elle aime à briser sa *verge* après s'en être servie !

Enfin, nous rappellerons humblement à nos vainqueurs, Prussiens ou Allemands, peu importe, que ce rôle de *Fléau de Dieu*, renouvelé d'Attila, n'est pas sans quelque danger pour ceux qui le remplissent. Un million d'hommes et plus s'est abattu sur la France pendant huit mois. Après une guerre où la dévastation a été réduite en système, où le soldat a été dressé à détruire tout ce qu'il ne pouvait emporter, l'Allemagne voit rentrer chez elle en ce moment ces longues files de chariots, chargés des dépouilles de la France, avec ces grossiers conducteurs, tenant de la brute autant que de l'homme, tels qu'on se figure les Huns et les Vandales. Mais qu'elle ne se hâte pas trop de triompher; qu'elle songe aux habitudes de rapine et de mépris de toute loi qui vont repasser le Rhin avec ces hordes à demi-sauvages qui, de notre civilisation, n'auront pris que les vices. Des paysans qui, du servage de la glèbe, ont passé à celui du régiment, et qu'on a lâchés sur la France, en développant avec soin tous leurs mauvais instincts, et en réprimant les bons, auront bien de la peine à redevenir de paisibles cultivateurs. Déjà, nous dit-on, pendant que la France se revêt de deuil pour pleurer sa défaite, les femmes allemandes, si simples naguère et si modestes, se disputent ces hochets de la vanité que leur envoient leurs fiancés, et triomphent des Françaises à leur manière, en se parant de leurs dépouilles.

Enfin, un danger plus grave encore, c'est le socialisme, cet ennemi intérieur, plus dangereux que tous ceux du dehors, et qui n'a pas attendu la guerre pour passer le Rhin. L'Allemand, lent à sortir de son repos, n'est pas moins lent à y rentrer : les idées nouvelles ont peine à pénétrer dans ces têtes carrées, mais une fois entrées, elles n'en sortent plus ; on l'a bien vu dans la *Guerre des paysans*, du temps de la Réforme ! Les ouvriers des villes, en rentrant dans leurs ateliers, y retrouveront la consigne de l'*Internationale*, qui leur fera bien vite oublier celle de la caserne. Les paysans, après avoir comparé leur condition à celle du paysan français, trouveront le joug du seigneur plus dur encore que celui de l'officier. Ainsi, l'Allemagne, on le voit, nous prépare notre revanche, et se charge de fournir elle-même les verges qui doivent la châtier.

La Prusse a gagné la partie : comme elle avait mis à Sadowa le pied sur la gorge de l'Autriche, elle l'a mis à Sedan sur celle de la France. « La force a primé le droit ! » suivant la maxime favorite de M. de Bismark. Mais la Prusse peut-elle s'arrêter en si beau chemin ? Il faudrait, pour le croire, bien peu connaître le cœur humain. Non, l'Europe, en ratifiant de son silence tout ce qu'elle a osé faire, l'invite à oser davantage. L'Allemagne du Sud est en ce moment à plat ventre devant elle, et ne s'est pas même doutée qu'elle consommait sa propre défaite avec celle de la France. Depuis que l'Autriche a donné sa démission d'Allemande, la Bavière, centre de résistance des Etats du Sud, a été la première à ramper devant son nouveau maître, et à lui tendre à genoux la couronne impériale. Un nouvel empire germanique se dresse à l'horizon, bien autrement menaçant pour tout le monde que celui qui vient de disparaître en France !

Il faut qu'on le sache en Europe : le rêve de tout honnête Teuton, c'est de recommencer l'empire de Charlemagne. Or cet empire, comme chacun sait, comprenait, outre la Germanie tout entière jusqu'à l'Oder, la Gaule et les deux tiers de l'Italie avec une portion de l'Espagne. Les deux races, teutonique et latine, lui avaient ainsi payé leur tribut. Nous voulons croire que, pour le moment du moins, la Prusse ne vise ni si haut ni si loin ; mais elle a fait de son roi un empereur, et du mince électorat de Brandebourg la tête d'une vaste fédération d'Etats. La moindre ambition qu'on puisse lui supposer, c'est celle d'englober dans le nouvel empire l'Allemagne tout entière, de la Baltique au Rhin. Le nouveau César, dans toutes ses harangues, nous répète, après Napoléon III, et avec la même bonne foi, « l'empire, c'est la paix ! » Mais malgré ses protestations de loup rassasié, qui déclare n'avoir plus faim, on peut s'attendre à voir bientôt disparaître toutes ces petites principautés qui font tache sur une carte d'Allemagne. Toutefois, en y réfléchissant bien, on se demande ce que la Prusse y gagnerait. Déjà, grâce à son admirable organisation militaire, elle a enrôlé toute l'Allemagne, Nord et Sud, sous ses drapeaux ; et quand on a vu s'incliner à Versailles devant le nouveau César tout cet état-major de princes, soi-disant souverains, qui se pressaient dans ses salons, on a peine à croire que, même annexés, ils puissent devenir plus dociles.

Puis, une fois constituée sur le sol allemand, la Prusse doit nécessairement tendre à s'agrandir au dehors. Vers quelque côté de l'horizon qu'elle se tourne, elle trouvera de quoi la tenter : au nord, par exemple, après avoir déjà absorbé la moitié du Danemark, peut-elle laisser longtemps aux mains d'un geôlier étranger les clefs de la Baltique ? A l'ouest, la Hollande, avec ses traditions de république, même sous la monarchie, importune les hobereaux prussiens, qui veulent bien s'incliner devant un despote, mais à condition de voir ramper devant eux un peuple de serfs. Bon gré mal gré, si l'Angleterre n'y met son *veto*, il faudra que, d'ici à quelques années, la Hollande reconnaisse la suzeraineté du nouvel empire allemand. La Prusse, en effet, depuis Sadowa, est travaillée par deux idées : la première, c'est de devenir une puissance maritime, et de sortir de son impasse de la Baltique pour se répandre sur toutes les mers du globe. Mais la porte que garde le Danemark est bien étroite et bien reculée vers le nord ; quel coup de fortune de trouver ainsi, sans bourse délier, une marine toute faite, soixante lieues de côtes sur la mer du Nord, en face de l'Angleterre, et de florissantes colonies au bout du monde, dans l'archipel indien !

La seconde arrière-pensée de la Prusse, c'est de grouper autour d'elle et du vaste faisceau d'Etats dont elle est le lien tout ce qui parle un dialecte germanique, Hollandais, Belges, Suisses, Danois, Suédois même au besoin. Sous prétexte de *pangermanisme*, tout territoire plus ou moins allemand, de Prague à Vienne, de Bâle à Coire, de Bruxelles à Riga, doit être tôt ou tard englobé par la Prusse. Sa marine, encore à l'état d'embryon, régnera bientôt dans les mers du Nord, en attendant que, par Trieste, elle se glisse dans celles du Midi. L'Autriche, en effet, a eu beau faire la morte pendant toute cette guerre, la Prusse, qui l'a déjà mise hors de la confédération, doit tendre à la rejeter hors de l'Allemagne, et à lui enlever les huit millions de sujets allemands qui la rattachent à la grande famille germanique.

Au dire des professeurs prussiens qui ont déjà parlé de mettre nos archives au pillage, les races latines ont fait leur temps. L'heure est venue de leur faire sentir la supériorité de cette race teutonique à qui appartient l'avenir du monde (1). Déjà l'aînée de ces races, la France, est descendue, suivant eux, au rang de puissance de second ordre. L'Espagne et l'Italie, ses sœurs cadettes, sont trop loin du centre de l'Europe pour peser encore dans sa balance. L'axe du continent est déplacé : désormais, ce ne sera plus autour de la France, mais de l'Allemagne, c'est-à-dire de la Prusse, que graviteront tous les Etats européens. Quant à la race slave, venue d'hier dans notre

______

(1) Voir aux Pièces justificatives, n° 1.

Occident, elle forme déjà toute la portion orientale du nouvel empire, qui ne peut pas oublier que tout le grand duché de Varsovie a naguère appartenu à la Prusse. Il ne reste plus, pour achever l'œuvre, qu'à reprendre à la Russie et à l'Autriche leur lambeau de Pologne pour la reconstituer tout entière sous le protectorat prussien. Voilà ce que rêve la Prusse, et ce que, entraînée par la force des choses, elle doit tôt ou tard essayer de réaliser ; car pour elle, tout ce qui n'est pas vassal est ennemi. Ce n'est donc pas à telle ou telle puissance isolée qui succomberait dans la lutte, comme la France ; c'est à l'Europe, qu'elle menace, d'imposer un frein à cette puissance orgueilleuse qui s'intitulerait volontiers, comme Attila, *l'ennemi du genre humain!*

Quant à la Russie, on a parlé d'un pacte tacite conclu entre le czar et le futur empereur : « Abandonnez-moi l'Occident, aurait dit le dernier, et je vous laisserai l'Orient. » Mais si large que soit le monde, il vient toujours un moment où il se trouve trop étroit pour ceux qui veulent se le partager ! Nous pensons donc, en dépit des télégrammes adulateurs dont le czar a salué chaque victoire de son oncle, que cette bonne intelligence est tout simplement un calcul, de la peur d'un côté, de la politique de l'autre. La Russie, en effet, est en Europe l'avant-garde de la race slave, c'est-à-dire de l'Asie ; la Prusse, en revanche, est en pays slave l'avant-garde de la race germanique qui, de tout temps, a eu pour elle l'ascendant de la conquête. La Russie a cru faire merveille en appelant, en 1774, la Prusse et l'Autriche au partage de la Pologne ; mais elle n'a fait qu'inviter l'Allemagne à la curée, et lui faire franchir cette frontière slave qu'elle aurait dû lui apprendre à respecter. Le *laissez-passer* que le czar a donné à Guillaume en Occident a donc bien plus de valeur que celui que Guillaume lui a donné en Orient ; car la Prusse, couverte par son allié du côté de l'Autriche, a pu tourner toutes ses forces contre la France ; et la Russie, au premier pas qu'elle a voulu faire vers l'Orient, a trouvé la con-

férence de Londres qui lui barrait le chemin. Elle a dû s'arrêter tout court, et sa secrète entente avec la Prusse n'a servi
qu'à provoquer contre elle les méfiances du continent.

En dépit de son prétendu accord avec Berlin, la Russie ne
peut donc pas être sans inquiétude de ce côté. Le Nord étant
fermé à la Prusse par la Baltique, plus elle s'étendra au Sud
et à l'Ouest, plus elle sentira la nécessité d'un contre-poids vers
l'Orient. Or, c'est justement de ce côté que se trouvent, comme
pour la tenter, les provinces allemandes de la Russie, Livonie,
Esthonie et Courlande, sentinelles perdues de l'Allemagne sur
le seuil du grand empire slave où elles semblent lui tracer le
chemin de la conquête. Aussi, malgré les intentions bienveil-
lantes du czar, et ses promesses de tolérance que nous croyons
sincères, songe-t-il, nous assure-t-on, à *russifier* ces provinces
par la langue et par la religion, pour rompre leurs liens avec
l'Allemagne, et les mettre à l'abri de l'invasion; agir ainsi, c'est
montrer assez, ce nous semble, la confiance que la Prusse lui
inspire !

Nous n'avons pas jusqu'ici parlé de l'Angleterre, et pourtant,
de tous les Etats du continent, après les deux Etats belligé-
rants, c'est celui sur lequel les regards se sont portés le plus
souvent. Mais l'attente universelle a été trompée : l'Angleterre
n'a rien fait et a tout laissé faire. Soyons juste toutefois : si elle
n'a point agi, c'est qu'elle n'était point en mesure d'agir. Depuis qu'elle a donné sa démission des affaires du continent, il
entre dans sa politique de n'être jamais prête pour la guerre,
afin de n'être pas obligée de la faire. Au besoin, elle l'a faite
pourtant, afin de protéger son empire colonial, au bout du
monde, en Crimée, dans l'Inde, voire même en Abyssinie; mais
s'il s'agit de l'Europe, qui est à ses portes, cela ne la touche
pas ; elle se bouche les yeux pour ne pas voir, les oreilles
pour ne pas entendre. Pour tirer le gouvernement anglais de
sa torpeur, il faudrait que la Prusse mît la main sur la Hollande ou sur la Belgique, « *en braquant,* comme disait Napo-

léon Ier, *sur le cœur de l'Angleterre ce pistolet toujours armé qu'on appelle Anvers.* »

Pendant toute la durée de la guerre, c'est dans les journaux anglais et dans leurs correspondances que nous avons étudié la situation. Au début de la campagne, l'opinion de l'Angleterre nous était franchement hostile, comme celle de l'Europe entière. Elle ne pardonnait pas à un gouvernement, miné par le mépris public, d'avoir cherché dans la guerre un appui pour empêcher sa chute. Les rodomontades d'une partie de la presse française, dupe ou complice de l'empire, les cris d'un patriotisme aviné, vociférant sur les boulevards : « A Berlin ! à Berlin ! » avaient dégoûté, chez nos voisins d'outre-Manche, comme partout, les cœurs honnêtes et les esprits sensés.

Mais après le désastre de Sedan, quand la Prusse, non contente de tenir l'empereur et son armée prisonniers, a montré au monde que c'était à la France qu'elle en voulait, et que la revanche de Berlin devait se prendre à Paris, alors l'Angleterre a compris que, si la fortune était d'un côté, le droit était passé de l'autre ! Elle a laissé son gouvernement faire du juste milieu, et s'est jetée, avec toutes ses sympathies, du côté de la France, humiliée et vaincue. Ce qu'a fait pour nous la charité anglaise, nos blessés secourus, nos paysans ruinés nourris pendant des mois sont là pour le dire ! Un peuple étranger, longtemps notre ennemi héréditaire, est venu, comme *le bon Samaritain,* se pencher sur les blessures de cette pauvre France, saignante et étendue à terre, pour les panser de ses mains. La Suisse, la Hollande, les Etats-Unis ont imité son exemple ; et dans notre désastre, cette généreuse sympathie de tous les peuples protestants pour la France catholique nous touche plus que nous ne saurions l'exprimer. Si les gouvernements nous abandonnent, nous pouvons nous en consoler, car les peuples nous reviennent !

Mais qu'on ne s'y trompe pas : dans ces prodiges de la charité privée, il y a une protestation de l'Angleterre contre les torts de son gouvernement, dont la nation cette fois s'est hautement séparée. Les journaux anglais l'ont dit avant nous : si le cabinet de Londres, lors de la parade diplomatique d'Ems, avait osé élever la voix, pour dire aux deux rivaux prêts à en venir aux mains : « Le premier des deux qui attaquera l'autre aura l'Angleterre contre lui ! » les flots de sang qui ont coulé, les ruines, les souffrances de cette guerre impie pouvaient être épargnés. L'épée de l'Angleterre, même dans le fourreau, jetée dans la balance, suffisait pour rétablir l'équilibre. Si elle n'avait pas d'armée, elle avait, elle aura toujours une flotte en mesure de se montrer et d'agir. Plaider et défendre au besoin la cause de la justice et de la paix n'est pas un honneur seulement, c'est une force; et ce rôle, l'Angleterre, à son éternelle gloire, pouvait s'en emparer. Elle ne l'a pas fait : elle a manqué deux fois l'occasion, à Ems d'abord, puis à Sedan, quand le flot a tourné, et quand elle eût pu dire à la Prusse : « Vous avez repoussé une injuste agression; vous êtes vengée, l'empereur est tombé! Si vous vous attaquez maintenant à la France, vous me trouverez prête à la défendre ! »

— « Mais, dira-t-on, c'est là du don Quichottisme, et l'Angleterre n'a jamais versé de ce côté. » — Soit, mais dans un pays libre, un gouvernement n'est jamais que le reflet de l'opinion publique. Or, celle-ci s'étant prononcée hautement en faveur de la France, le cabinet de Londres aurait dû marcher avec l'opinion, au lieu de se laisser traîner à la remorque par elle. Du reste, si sévère que nous puissions être avec lui, nous ne le serons jamais autant que l'a été le pays. Ses hommes d'Etat, enfermés aujourd'hui dans leur béate quiétude, se rappelleront ces paroles prophétiques que leur adressait, dans une lettre au *Times*, sir Henri Lytton Bulwer : « Si, à la veille d'horreurs dont la seule pensée fait reculer d'effroi le christianisme et la civilisation, on décide de sang-froid que l'attitude de l'Angleterre doit être celle *d'un homme qui craint de se mouiller les pieds pour en sauver un autre qui se noie;* si, à la vue de désastres prêts à envelopper le continent tout entier, nous persistons dans notre mutisme et dans notre abstention, je crains que le jour ne soit pas loin où Dieu nous retirera un pouvoir dont nous n'avons pas su faire un plus digne usage, et qu'une politique, faite comme la nôtre pour *inspirer le dégoût par son égoïsme et le mépris par sa lâcheté,* ne soit aussi fatale à nos intérêts à venir qu'à notre gloire passée. »

Enfin, une dernière occasion s'offrait à l'Angleterre d'intervenir dans la querelle, au nom d'un intérêt vraiment européen ; c'était lors de la conclusion du traité de paix. Oui, l'Angleterre, oui, tous les Etats du continent avaient droit et devoir d'élever la voix, car il s'agissait de ne pas laisser démembrer la France ! Nous pouvons le dire ici, sans fausse humilité comme sans vaine jactance : la France est nécessaire à l'équilibre de l'Europe. Elle l'a troublé bien souvent, mais elle a su le défendre aussi quand il était menacé. Du rang de puissance de premier ordre, elle ne peut pas, elle ne *doit* pas déchoir au second, et l'Europe est aussi intéressée qu'elle à ne pas le permettre. Comme l'Allemagne, la France a ses limites nécessaires, mieux tracées seulement, et que la nature a elle-même dessinées. L'Angleterre, l'Autriche, l'Italie, la Russie même, si elle avait mieux compris ses vrais intérêts, auraient dû dire à la Prusse : « Vous n'avez pas le droit de reculer la frontière française jusqu'aux Vosges ! » comme elles auraient dû dire à la France si c'était elle qui eût vaincu à Sedan : « Vous n'avez pas le droit d'enlever à l'Allemagne la rive gauche du Rhin ! » Il est pour l'ambition des peuples et des rois des limites qu'on ne viole pas impunément. Là où la diplomatie ne peut plus rien, c'est à la force d'agir ; car, mise au service du droit, ce n'est plus la force, c'est la justice, et si elle est armée d'un glaive, c'est pour faire respecter ses arrêts !

Mais non, l'Angleterre a laissé faire, l'Europe a regardé, et la Russie a applaudi. L'Autriche, tremblante encore du coup qu'elle a reçu à Sadowa, n'a pas compris qu'elle perdait dans la France un rempart contre l'ambition de la Prusse, et elle s'est laissé battre encore une fois sur notre dos. L'Italie et son roi n'ont pensé qu'à reconquérir Rome, et ont oublié la France et ce qu'ils lui devaient!... Mais de toutes ces défections, auxquelles il fallait nous attendre, il en est une qui nous a été au cœur : c'est celle de cette vieille alliée, de cette république, sœur aînée de la nôtre, qui se nomme les Etats-Unis ! Là, pas plus qu'en Angleterre, nous ne voulons rendre la nation responsable des faiblesses de son gouvernement. Une fois pour toutes, il y a près d'un siècle, la patrie de Lafayette a tendu la main à celle de Washington à travers l'Atlantique, et ces deux mains, unies à jamais, ne peuvent plus se séparer ! Mais, malgré les efforts de la charité américaine pour soulager nos misères et protester contre l'inertie de ses hommes d'Etat, nous l'avouerons, nous avions attendu plus et mieux de celui qui a l'honneur d'occuper la place de Washington et de Lincoln. Il nous en coûte de voir un général victorieux, un Grant, abaisser ainsi avec lui le noble pays qu'il est appelé à gouverner, et mendier des voix allemandes pour sa prochaine élection en rampant aux pieds du vainqueur de la France. Notre vieille amitié pour ce grand peuple n'en est point altérée; nous apprenons seulement, par une triste expérience, que la République, comme le pouvoir absolu, peut avoir ses défaillances, et que les Washington et les Lincoln sont rares partout, même aux Etats-Unis !

III

L'ALSACE

Avril 1871.

C'en est fait, la paix est signée et nous savons maintenant ce qu'elle nous coûte! Nous ne parlons pas des cinq milliards qui doivent l'acheter; la France, si elle est unie et libre, est assez riche pour payer sa rançon! Mais c'est au prix de notre honneur et de nos affections les plus chères, au prix de l'Alsace et de la Lorraine allemande que la paix nous est vendue; et voilà pourquoi même ses partisans les plus déterminés peuvent la subir, l'accepter tout au plus, mais non pas s'en réjouir! Il y a une malédiction sur cette paix-là, car elle n'est sincère ni d'une part, ni de l'autre; elle est fondée sur l'injustice et sur la violence, et l'ennemi même qui nous l'impose ne croit pas à sa durée.

L'œuvre des temps est anéantie, l'histoire rétrograde, la France est entamée dans cette redoutable unité que, de Louis XI à Louis XIV, plusieurs générations d'hommes d'État et de rois ont mis deux siècles à accomplir. Du moment où le Rhin cesse de couvrir notre frontière de l'Est, là où elle confine à l'Allemagne, la France est mutilée. La plaie ne se fermera plus, elle saignera sans relâche, et nos cœurs saigneront avec elle! L'ennemi aura beau évacuer nos campagnes dévastées, l'invasion restera, permanente, implacable, enracinée dans notre sol, tant que l'Alsace et la Lorraine, ces deux grandes revendications de notre histoire, ce complément nécessaire de notre unité nationale, auront cessé de s'appeler de notre nom et de vivre de notre vie.

« Mais l'Alsace, dira-t-on, n'est pas française! Par son passé, par ses mœurs, par sa langue, elle appartient à l'Allemagne, à qui tôt ou tard elle devait faire retour, ou de son plein gré, ou par la conquête. Pourquoi la France n'achèterait-elle pas sa délivrance et la paix, dont elle a tant besoin, par l'abandon d'une province qui ne lui appartient que depuis deux siècles à peine, et qui n'a pas eu le temps de se fondre avec elle?» Voilà ce que bien des gens se disaient tout bas quand on traitait de la paix, mais ce qu'ils commencent à dire tout haut, surtout dans le Midi. Dans le Nord et dans l'Est, au contraire, où des liens plus étroits de voisinage et d'affection nous unissent à l'Alsace, nous la pleurons comme une partie de notre être que le fer a retranchée de nous. Par-dessus les lignes ennemies, nous lui tendons une main de frère, dont rien ne peut dénouer l'étreinte, et qui restera dans la sienne en dépit de tout ce qui nous sépare.

Et la Lorraine, soi-disant allemande! Et Metz, vierge jusqu'ici de toute invasion, Metz qui nous appartient par la langue et par le cœur, et qui nous a donné assez de son sang pour pouvoir dire à bon droit : « Entre la France et moi, c'est à la vie et à la mort! » Des liens de fraternité comme ceux qui nous attachent à ces deux provinces-sœurs ne sont pas de ceux que peut rompre un traité dicté le pistolet sur la gorge. Leur sang, depuis deux ou trois siècles, s'est mêlé avec le nôtre dans tant de combats qu'on ne peut plus les distinguer. Leurs deux capitales, chacune à son heure, ont concentré sur leurs murs toutes les souffrances de l'invasion, et la défense de Strasbourg vivra dans tous les souvenirs comme la légende héroïque de l'Alsace et le dernier gage qu'elle ait donné à la France.

Nous venons de parcourir le Haut-Rhin, nous y avons trouvé tous les cœurs ulcérés et le patriotisme s'affirmant par la haine et l'espoir d'une revanche. L'allemand même, au lieu d'être pour les Alsaciens un lien avec leurs nouveaux maîtres, est une barrière qui les en sépare. Ils répudient leur langue natale pour n'avoir rien en commun avec eux, et ne se sont jamais sentis plus Français que depuis qu'il leur est interdit de l'être.

Mais sous ce patriotisme en révolte se cache au fond des cœurs, il importe que nous le sachions, une secrète irritation contre la France. L'Alsace s'est attachée à nous bien plus par ce qu'elle a donné que par ce qu'elle a reçu, et elle commence à soupçonner que cette France à qui elle a donné son cœur, s'est bien vite et bien aisément détachée d'elle. Elle a tort peut-être, mais elle le croit parce qu'elle le redoute. Ce n'est pas le Nord qu'elle accuse, mais le Midi. Les volontaires alsaciens qui, depuis l'annexion, se sont échappés par milliers pour aller servir dans nos armées, se plaignent de n'avoir pas trouvé au sud de la Loire l'accueil sur lequel ils avaient droit de compter. L'Allemand les a rendus suspects, comme si, en dépit de la langue, ils n'étaient pas plus Français que tant de nos honnêtes paysans qui sont restés chez eux pendant que les enfants de l'Alsace allaient donner leur sang pour la sainte cause de la défense nationale.

L'Alsace accuse aussi l'Assemblée et le gouvernement de tenir peu de compte de ses intérêts industriels, si gravement compromis par l'annexion, et de ne pas chercher du moins à lui sauver la transition pendant ces trois années de provisoire et de souffrance où, aux termes du traité, elle n'est en réalité ni allemande, ni française. La question est encore pendante, et nous espérons que le gouvernement la résoudra dans un sens favorable aux intérêts des provinces annexées, en tant qu'ils sont encore compatibles avec ceux de la France. Mais, bien qu'exagérées peut-être, ces plaintes ne sont pas sans fondement. L'Alsace a tant aimé la France, et lui en a donné tant de gages depuis 1814, qu'elle a droit de vouloir qu'on la regrette en se séparant d'elle.

Dans cette situation étrange et douloureuse, que doit faire l'Alsace? Eh bien, nous le lui dirons : qu'elle *veuille* rester française, de cette volonté forte et tenace qui use la résistance et triomphe de tous les obstacles. Ce que les peuples veulent fort et longtemps, ils finissent toujours par l'obtenir. La Vénétie, de Campo-Formio à Sadowa, est-elle par hasard devenue autrichienne? La Pologne, en s'agitant sans relâche pour réunir ses tronçons mutilés, n'a-t-elle pas déconcerté les froids calculs de ses maîtres pour faire oublier au monde qu'il a existé une Pologne? Si l'Alsace s'obstine à demeurer française par le cœur, qui seul fait la nationalité, un jour, nous ne savons ni quand ni comment, elle le redeviendra, par la raison toute simple qu'elle le sera toujours restée, et que, tôt ou tard, il faut que la politique prenne son parti de ce qu'elle ne peut pas empêcher. Ne pouvant, pour le moment du moins, demeurer unis à l'Alsace, nous aurions voulu la voir neutre, indépendante et amie. Notre rêve, qui fut aussi le sien, ne s'est pas réalisé ; mais en attendant que la Prusse se lasse de traîner à sa remorque une province rebelle qui s'acharne à repousser les bienfaits de l'annexion ; en attendant que quelque nouvelle complication politique rende à l'Alsace sa liberté, elle a pour l'heure présente un rôle à remplir qui n'est pas sans grandeur : qu'elle devienne entre l'Allemagne et la France un trait d'union, puisqu'elle tient à la fois des deux natures, parle les deux langues, et forme entre les Vosges et le Rhin comme un poste avancé destiné à rapprocher les deux races au lieu de les séparer.

Le député Jacoby, que la Prusse a fait jeter en prison, est le premier qui ait posé la question comme elle doit être posée : « Pour disposer d'une province, c'est elle qu'il faut consulter, et non pas les convenances de tel ou tel voisin qui la convoite ! » Assez longtemps on a parqué les peuples, comme des troupeaux muets, dans la bergerie en attendant l'abattoir. Les populations aujourd'hui veulent être consultées, savoir à qui elles se donnent, et non à qui on les vend. Sans doute la force peut imposer son joug, comme nous le voyons en ce moment; mais ces éclipses du droit ne sont jamais durables, et la justice à la longue finit toujours par prévaloir (1).

(1) Voir Pièces justificatives, n° 2.

IV

LA COMMUNE

1er Mai 1871.

Après avoir, du fond du cœur, payé à cette chère Alsace notre tribut de regrets, nous nous apprêtions à conclure; nous voulions montrer le rôle nouveau qui restait à jouer à la France, entourée dans sa défaite de plus de sympathies qu'elle n'en eut jamais aux jours de son prestige. Il y a dans ce mot magique, *la paix!* si cher qu'on nous la vende, une telle puissance de consolation que, en dépit de toutes nos tristesses, une lueur d'espoir venait encore nous sourire... Et voilà que le gouffre qu'on croyait prêt à se fermer se rouvre tout d'un coup, plus béant et plus profond. Et nous, penchés sur le bord, sondant du regard ses profondeurs, nous nous demandons avec douleur si la France peut descendre plus bas? La dette que nous croyions payée reste tout entière à acquitter, et le créancier, c'est la justice divine qui n'est pas encore assez vengée!

Cette fois la victime sur qui le châtiment est tombé, c'est Paris, ce même Paris qui, il y a quelques années à peine, lors de l'Exposition universelle, réunissait dans ses murs toutes les merveilles de la civilisation, qui voyait les peuples et les rois venir prendre place à ce banquet où le monde entier était convié. Eh bien, c'est au sein de cette capitale du plaisir, de ce centre de plaisir, de luxe et de corruption d'où le plébiscite s'est répandu sur la France, portant la guerre dans ses flancs, qu'a éclaté tout d'un coup la plus imprévue, la plus immonde de toutes les révolutions! Drame lugubre et grotes-

que, que l'odieux seul peut sauver du ridicule, et où, pour
jouer les premiers rôles, on n'a pu trouver que des noms ignorés partout, si ce n'est au bagne ou à la cour d'assises!

Il est triste de pleurer sur son pays; mais il est quelque
chose de plus triste encore, c'est d'avoir à en rougir. Où sont
maintenant ces sympathies de l'Europe qui nous étaient reve-
nues avec l'adversité, et dont nous étions fiers à bon droit? Ne
voyez-vous pas aujourd'hui cette même Europe partagée entre
l'épouvante et la pitié, et prête à retirer la main qu'elle nous
tendait, en voyant l'effroyable menace qui sort pour elle de ce
cratère en ébullition qu'on appelle Paris? Et la France et la
Prusse ont été assez folles pour en venir aux mains, et l'Europe
assez lâche, assez aveugle pour les laisser faire! Et personne
n'a su voir que derrière cette guerre insensée se cachait une
autre guerre plus redoutable encore : celle de l'ouvrier contre
le patron, de celui qui n'a pas et qui veut avoir, contre celui
qui a; guerre sans relâche et sans pitié que l'antiquité n'a pas
connue, car le travailleur, c'est-à-dire l'esclave, n'était qu'une
chose et non une personne; guerre enfin qui s'attaque aux
bases mêmes de la société humaine, sur qui le Maître a prononcé
cette sentence : « Vous aurez toujours des pauvres parmi
« vous! » car à côté des travailleurs intelligents dont Dieu
bénit le travail, il y aura toujours des incapables et des fai-
néants pour leur porter envie, et les dépouiller, s'ils en ont la
force, ainsi que des sophistes pour leur en faire un droit.

De 1830 à 1848, Paris a vu bien des insurrections contre
l'ordre social, et il en a toujours triomphé; mais la garde nationale, alors, n'était pas soldée. Elle se composait de bourgeois et de boutiquiers qui, ayant tous quelque chose à perdre,
voulaient l'ordre avec la liberté, et les ont défendus tous deux
sans jamais se lasser. Mais aujourd'hui, le suffrage universel a
tout changé : tout le monde étant appelé à voter comme à
porter un fusil, cette même garde nationale, qui était pour
l'ordre une garantie, est devenue une menace. Dans toutes les

grandes villes de France, il en a été de même, au grand péril de la société qui a vu le paratonnerre attirer sur elle la foudre au lieu de la détourner.

Ce qui a perdu notre malheureux Paris, et l'a plongé dans cet abîme de honte et de misères, c'est de s'être cru de bonne foi un peuple de héros, sur la foi d'une presse complaisante qui lui décernait chaque matin son brevet d'héroïsme. Nos héros de cabaret qu'on parlait de renvoyer à jeun à leurs ateliers, et à qui on laissait en attendant leur solde et leurs fusils, n'ont pas voulu renoncer à une oisiveté aussi grassement payée. Ce n'était plus aux Prussiens, mais à l'ordre et à la loi qu'il s'agissait de rendre les armes, et, plutôt que de céder, ils ont mieux aimé remplacer par la guerre civile l'invasion qui s'en allait, et donner à la France indignée une contrefaçon du siége de Paris, sérieuse seulement par le sang qu'elle a coûté. A la République des honnêtes gens, qui devrait tous nous rallier, ils ont opposé on ne sait quel fantôme de *Commune*, plate copie des plus mauvais jours de 93. Enhardis par l'impunité, forts de l'imprévoyance d'un pouvoir à peine constitué, qui n'a pas su ou n'a pas daigné écraser le serpent dans son œuf, ils ont pris pour de la peur le mépris qu'ils inspiraient. Quand on a voulu agir contre eux, il était trop tard, ou l'on n'a pas agi avec assez de vigueur; et c'est alors que, par l'assassinat de deux généraux et le massacre de la place Vendôme, ils ont osé jeter leur défi à Versailles, à la France, à la société tout entière.

Nous jugeons ici, nous ne racontons pas! L'histoire dira un jour avec un douloureux étonnement comment est née à Belleville, entre quelques repris de justice français ou étrangers, quelques journalistes déclassés, rebuts de la société, *fruits secs* de toutes les carrières, cette ignoble *Commune* qui, à peine née, a souillé son berceau de sang et de rapines, qui joue à la *terreur*, et envoie l'un après l'autre tous ses chefs en prison, en attendant la guillotine qu'elle n'ose pas dresser, en face de ce Paris consterné qui a bu toutes les hontes excepté celle-là! Avec l'audace de ces sophistes d'assassinat et de pillage, on dira la déplorable lâcheté des honnêtes gens qui, enfermés avec eux dans ce Paris qu'il fallait leur disputer, n'ont pas su se servir de leurs fusils pour opposer le drapeau de la *loi* à celui de la *Commune*. Leur rôle c'était de résister, et ils ont mieux aimé s'enfuir ou se laisser enrôler de force au service d'une cause qu'ils détestent.

Nous ne nous en prendrons point au gouvernement de cette longue impunité dont a joui l'émeute, victorieuse aussi long-temps qu'elle n'a point combattu. Nous ne nous en prendrons point surtout à l'illustre homme d'Etat, dont Dieu bénit si visi-blement la verte vieillesse, et qui, blanchi au service de son pays, a seul grandi quand tout se rapetissait autour de lui. Nous n'avions plus d'armée, il fallait avant tout en refaire une, et cette œuvre patriotique, il l'a accomplie, à travers des diffi-cultés inouïes, en face de l'étranger, spectateur complaisant de nos discordes, en face d'un ennemi intérieur bien autrement dangereux, qui dispute à la France sa capitale, et à l'ordre sa victoire!

Complice et victime du gouvernement déchu, l'armée avait certes bien des torts à réparer; mais elle a racheté son honneur dans la plus douloureuse de toutes les guerres, contre des en-nemis qui parlent la même langue, et vous crient en français : « Ne tirez pas sur vos frères! » Mais nos soldats ont tenu bon; ils ont retrouvé leur discipline en face de l'ennemi, et se sont montrés la digne armée de la France. Non, ce ne sont pas des Français, ce ne sont pas des *frères*, les hommes qui ont eu le triste courage, le jour même où la Prusse cessait les hostilités, de les reprendre pour leur compte, et de replonger de gaieté de cœur la France dans le gouffre d'où elle venait de sortir!

Mais l'heure de la justice humaine a sonné, en attendant la justice divine! L'armée de la *Commune* a osé sortir de l'en-ceinte de Paris où elle régnait par la terreur. Comme ces oi-seaux de nuit qui s'aventurent hors de leurs ténèbres, le grand jour l'a aveuglée, et elle a dû se replier sur cette ville dont elle avait fait son repaire! Désormais, les jours de la *Commune* sont comptés; l'armée de l'ordre a compris sa force : elle se sent appuyée sur le pays, elle se sent commandée pour la première fois depuis longtemps, et d'ici à peu de jours l'insurrection aura fini, comme un affreux cauchemar, et Paris sera rentré en possession de lui-même!

Mais ce qui nous navre par-dessus tout, ce n'est pas l'audace de quelques scélérats qui jouent Paris sur leur dernière carte, c'est l'étrange aberration d'esprit de ces masses fanatisées qui croient assurer le triomphe de la République en déclarant la guerre à la loi, à la propriété, à la famille, au travail, à tout ce qu'il y a de saint et de respecté ici-bas. Sont-ils vraiment responsables de leurs actes, ces aliénés lucides, ces maniaques sanguinaires, prêts à se battre contre tout le monde, excepté contre les Prussiens? Non, les vrais coupables, ce ne sont pas eux, c'est cette infâme *Commune* qui seule sait ce qu'elle veut, et foule tout aux pieds pour y arriver! Mais ce qui nous épouvante, c'est cette absence complète de bon sens et de sens moral, cette sorte de délire à froid qui, dans Paris comme dans toutes nos grandes villes, s'est emparé de l'esprit de nos classes ouvrières. Qu'est donc l'éducation de notre peuple, dans ce dix-neuvième siècle, si fier de ses progrès, pour pervertir ainsi dans les âmes toute notion du juste et du vrai? L'humanité jusqu'à nos jours a-t-elle donc fait fausse route, et pour remettre tout à sa place dans l'édifice social, suffit-il de mettre en bas ce qui était en haut, et en haut ce qui était en bas?

On parle de liberté; mais Tocqueville l'a dit excellemment : «Qui ne croit pas doit servir! » On parle d'instruction populaire, de progrès des lumières; mais ce dont le peuple a besoin, c'est de croire encore plus que de savoir! C'est son cœur qu'il faut former avant son intelligence, et le premier de tous les instituteurs, c'est l'Evangile ! Oui, nous le disons avec douleur, notre cher peuple français, que Dieu a doté de si grandes qualités, vit dans le faux, aime le faux, comme d'autres aiment le vrai ! L'insurrection de Paris est un symptôme grave de cette disposition des esprits qui mène droit à la folie et au crime. Tout est à refaire chez nous, mais avant tout l'éducation morale du pays, et pour reprendre l'œuvre par sa base, c'est par l'enfance qu'il faut la commencer.

On a parlé de menées du bonapartisme, d'or répandu par ses agents. Le fait est possible, probable même, mais il ne prouve que l'impuissance de ce parti, écrasé sous le mépris qu'il inspire. Il peut bien soudoyer une insurrection, il ne peut pas la garder pour lui ! Le gouvernement déchu avait deux idoles, l'armée et le peuple ; nous savons ce qu'il a fait de l'une, et le lâche encens qu'il a brûlé devant l'autre a amené l'insurrection de Paris et la *Commune*, digne héritière de l'Empire ! Mais le peuple et l'empereur sont-ils ici les seuls coupables ? Les riches, les heureux de ce monde, se croient-ils par hasard sans reproche ? Eux pour qui la langue ne se compose que de deux mots, s'enrichir et jouir, eux pour qui la vie n'est qu'une longue partie de plaisir, se sont-ils rendu compte de tout ce que leur luxe et leur corruption ont semé d'envie et de haine dans ces bas-fonds de la société, soulevés aujourd'hui comme la vase à l'heure des tempêtes ?

Ah ! vous avez cru, égoïstes au cœur dur, que vous n'étiez ici-bas que pour tondre sans merci le vil troupeau qui jeûne pendant que vous digérez, et travaille pendant que vous vous reposez ! Vous avez cru que vous ne leur deviez rien, pas même une aumône dans leur misère, pas même un asile dans leur vieillesse, et qu'avec des bagnes et des gendarmes, vous en auriez toujours raison ! Eh bien, non ! l'insurrection de Paris vous a prouvé votre erreur : la force publique la domptera, non parce qu'elle est la force, mais parce qu'elle est le droit ! Toutefois, sachez-le bien, le danger subsiste : il est suspendu, il n'est pas écarté ! Il est partout, à Lyon, à Marseille, à Toulouse : il est dans ces grands centres industriels où le luxe effréné du patron semble une insulte à la misère du travailleur qui, parqué dans sa mansarde, à côté du palais du riche, se dit : « Je l'ai enrichi de ma sueur, il faut qu'il partage avec moi ! » Sans doute, il a tort, mais vous, avez-vous raison ?

Pour que la propriété trouve grâce aux yeux de celui qui en est privé, n'est-ce pas au riche à la légitimer, devant Dieu et devant les hommes, par l'usage qu'il en fait, et à combler par la charité l'abîme qui le sépare du pauvre ? Oui, osons le dire, tout est mensonge, tout est iniquité dans la société, telle que les hommes l'ont faite ; tout est vérité, au contraire, tout est justice dans la société idéale que Jésus-Christ est venu apporter sur la terre. On a essayé bien des utopies, depuis l'*Atlantide* de Platon jusqu'à l'*Icarie* de Cabet ; mais que sont tous ces vains mirages auprès des glorieuses réalités de l'Evangile, s'il était pris au sérieux dans une société fondée sur la justice, et cimentée par l'amour ?

V

PARIS INCENDIÉ

30 mai 1871.

« Un abîme appelle un autre abîme ! » Nos prévisions les plus sinistres sont dépassées : l'insurrection est vaincue, anéantie, mais à quel prix ? Paris brûle en ce moment, le Paris des arts, des sciences et de l'histoire, l'ornement du monde, la capitale de la civilisation ! Une poignée d'assassins, de pillards, d'incendiaires, réalisent sur leurs concitoyens la *guerre à outrance* qu'ils n'ont pas osé faire contre l'ennemi. Du haut de Belleville, nid immonde qui a vu éclore la *Commune*, et qui l'a vu mourir, ils ont voulu laisser pour adieux à Paris la ruine, l'incendie et le massacre ! Et ils ont trouvé cent mille hommes pour exécuter leur odieuse consigne, et mourir à leur place, pendant qu'ils ne songeaient qu'à s'enfuir. Ils ont recruté, à prix d'or, jusqu'à des enfants et des femmes, furies plus hideuses encore que les hommes, pour verser le pétrole, et promener la torche sur ce Paris, veuf de toutes ses gloires, et qui ne se lavera plus de ce stygmate imprimé sur son front !

Et vous, incrédules endurcis qui, dans tous ces désastres, n'avez pas voulu voir la main de Dieu, dites-nous, est-elle assez visible à présent ? Paris s'effondre à son tour, comme l'Empire, sous le poids de ses vices et de ses folies, et vous, ne sentez-vous pas, dans ces deux siéges successifs qui viennent de s'abattre sur lui, une main vengeresse qui sait où elle frappe, et du châtiment fait toujours une leçon ?

Cette leçon, quelle est-elle? Car il s'agit de comprendre ce que Dieu nous demande, et de lire dans ce livre dont les feuillets sanglants se tournent un à un devant nous. Sommes-nous à la dernière page? nous l'ignorons, cela dépend du fruit que la France saura tirer de ces cruelles leçons. Quels sentiments l'insurrection de Paris va-t-elle éveiller partout? En Europe, nous le savons déjà, l'horreur, la crainte et la pitié! En France, chez les honnêtes bourgeois de nos villes, chez les paisibles habitants de nos campagnes, un long cri d'indignation contre des crimes qu'ils ne peuvent pas comprendre, voilà ce qu'éprouvera tout cœur droit, tout esprit sensé à la vue de ce Paris, changé en hôpital de fous furieux qui ont massacré leurs gardiens! Mais dans toutes nos grandes villes, partout où se presse une population ouvrière, démoralisée par les clubs et les cabarets, infectée du venin de cette presse à un sou, empoisonneuse publique, que dévore, comme parole d'Évangile, un peuple fanatisé, en est-il de même? n'entendez-vous pas ce sourd murmure de sympathie, d'admiration et d'envie, oui, d'envie, pour le crime sans nom de nos modernes Erostrates qui, sentant Paris leur échapper, n'ont pas hésité à le brûler? Est-il une gloire plus haute que celle-là, et le nom des Pyat et des Delescluze n'est-il pas sûr de passer à la postérité avec celui des Attila, des Omar et des Werder?

Et pourtant, au milieu de toutes ces tristesses, de toutes ces hontes, une pensée nous console : c'est celle de notre brave armée qui en face de ce danger suprême, s'est retrouvée ellemême, et a rappris à vaincre en apprenant à obéir. Dans cette guerre des rues que Paris a enseignée à l'Europe, elle a gardé la savante tactique d'une guerre régulière, et vaincu par la discipline autant que par le courage. Elle se fiait à ses chefs, cette fois, et au patriotique accord qui régnait entre le pouvoir militaire et le pouvoir civil. Elle se fiait surtout au grand citoyen dont on peut dire que, dans cette crise sans précédents, il a sauvé la France à force de croire en elle, et de se faire, entre tous les partis qu'il domine, le modérateur et l'arbitre suprême. Non, Dieu n'a pas abandonné, même en le châtiant, notre malheureux pays, puisqu'il lui a envoyé ce sauveur désintéressé pour le retirer de l'abîme où l'avait plongé un autre *sauveur*.

L'Empire, le siége de Paris, l'insurrection de la *Commune*, voilà les trois actes de la sanglante trilogie qui vient de se dérouler devant nous. Nous en avons fini, grâce à Dieu, avec l'Empire, responsable de tous nos malheurs. Aux Prussiens, nous avons acheté la paix, on sait à quel prix! Enfin, grâce à l'armée et à M. Thiers, nous avons vaincu la *Commune*. A présent, quel est l'enseignement qui nous reste à recueillir, afin que la leçon du malheur n'ait pas, cette fois encore, passé sans fruit sur la France?

Cet enseignement, c'est qu'un peuple a beau faire, il ne peut pas se passer de Dieu. Sous l'insurrection de Paris, se cache une autre révolte, plus insensée, plus criminelle encore : c'est celle d'un peuple égaré contre la religion, frein suprême qui garantit tous les autres! Les sophistes de la *Commune* ont trahi le secret du parti, et révélé le dernier mot du socialisme : Il ne faut plus de Dieu, parce que, Dieu une fois écarté, il n'y a plus ni loi morale, ni propriété, ni famille, mais un pêle-mêle social où, comme dans une troupe de chevaux sauvages, tout est en commun, les femelles, les petits, la pâture! nous avons vu, à l'ombre de la *Commune*, éclore ces monstrueuses théories qui réclament la parenté de l'homme, non plus avec Dieu, mais avec le singe, et nous ramènent ainsi vers la fange d'où nous sortons pour y rentrer! Eh bien, tout cela est logique : le socialisme est conséquent, et a agi comme il avait prêché! Quand on a supprimé Dieu, il faut aller courageusement jusqu'au bout, et supprimer la société comme une série de mensonges qui reposent tous sur un premier mensonge; plus de droit, mais la force; plus de maisons, mais des huttes; plus d'arts, enfin, ni de lettres, la pire de toutes les aristocraties, parce que l'émeute peut bien découronner un Napoléon III, mais non un Pascal ou un Raphaël !

Toute la France, nous le savons, n'est pas complice des égarements de la *Commune* ; mais elle est complice au moins de l'incrédulité bestiale qui les a enfantés. Oui, vous, honnêtes gens, par votre égoïsme et votre inertie, vous avez autorisé l'audace des méchants ; vous, savants, vous avez fourni aux ignorants un prétexte pour ne pas croire : « Il faut une religion pour le peuple, avez-vous dit bien haut ; mais nous, gens éclairés, nous n'en avons pas besoin ! » Et ils vous ont pris au mot, et s'en sont passé comme vous. Vous enfin, pères de famille, vous avez cru faire merveille en envoyant vos enfants à l'église quand vous vous abstenez d'y aller ; et vos enfants vous ont imités, et l'exemple a fait tort au précepte ! C'est ainsi que, de degré en degré, l'incrédulité, descendant toujours d'en haut, comme la foi montait naguère d'en bas, toutes les classes de la société se sont retrouvées au même niveau. Le matérialisme le plus abject s'est emparé des âmes ; l'athéisme est devenu une religion, qui a eu, comme l'autre, ses fanatiques ; car l'âme humaine est tellement née pour croire qu'elle se passionne pour l'incrédulité comme elle le ferait pour la foi ! Ah ! ce ne sont pas les ruines matérielles qui nous attristent le plus, car celles-là, on les répare ; ce sont les ruines morales ! C'est l'âme de la France qui s'est détournée de Dieu ; c'est la conscience qui s'est éteinte, le cœur de la nation qui a cessé de battre pour tout ce qui est généreux et grand. De cette noble France, si sympathique, si vivante, il ne reste plus qu'un cadavre, sur qui l'homme ne peut rien, et que Dieu seul a le pouvoir de ressusciter !

VI

LE CATHOLICISME

Mais cette France, qui l'a faite ce qu'elle est ? qui l'a élevée, qui l'élève encore en ce moment ? Nous ne reculerons pas devant cette grave question qui vient d'elle-même se poser. L'éducateur de la France, c'est le catholicisme, et par l'élève, aujourd'hui, nous pouvons juger le maître ! Personne n'échappe à son action, et plus ou moins, nous l'avons tous subie ; car là où Rome ne peut pas imposer son joug aux âmes, elle les rejette dans l'incrédulité, la seule porte par laquelle on sache chez nous sortir du catholicisme !

En commençant cet écrit, nous nous étions fait une loi de ne pas prononcer un mot qui pût ressembler à une attaque contre la religion catholique. Jaloux de travailler au réveil du sentiment religieux en France, préférant sans hésiter la piété, même aveugle, à l'incrédulité haineuse et systématique, nous craignions d'ébranler le peu de foi qui pouvait vivre encore au fond des cœurs. A défaut d'une croyance raisonnée, nous préférions encore au vide du néant cette religion tout extérieure, qui n'atteint pas les profondeurs de l'âme, et s'appuie sur la superstition pour se défendre contre le scepticisme. Mais l'insurrection de la *Commune* nous a fait changer d'avis : à cet égarement des consciences, à cette perversion des intelligences, nous sentons le besoin d'opposer autre chose que des rites surannés et des pratiques puériles, qui substituent le symbole à l'idée, et matérialisent, pour les rendre populaires, les plus hautes vérités de notre foi. Nous ne saurions trop le répéter, l'instituteur dont la France a besoin, c'est l'Evangile, mais l'Evangile intact et complet, dans toute la splendeur de sa vérité révélée, chaîne merveilleuse dont on ne peut rompre un anneau sans qu'elle se dénoue tout entière !

En dépit de tout le mal que le catholicisme a fait à notre pays, nous voulons être juste avec lui : sous l'échafaudage que la main de l'homme a superposé à la construction divine, nous reconnaissons encore le christianisme, si travesti qu'il puisse être ; seulement, nous voudrions le voir restauré dans sa pureté primitive. Ce qu'il faut à la France, c'est une religion d'hommes faits, et non d'enfants, qui ne pactise pas avec ses faiblesses, et se mette virilement à l'œuvre pour les guérir ; qui ne confie pas au prêtre le soin de faire notre salut, mais nous apprenne à nous humilier pour le recevoir tout fait des mains d'un Sauveur. Ce que nous reprochons au catholicisme, comme au paganisme antique, avec lequel il offre tant de rapports, c'est de descendre jusqu'à nous, au lieu de nous rehausser jusqu'à Dieu ; c'est de nous faire un idéal placé si bas qu'il faut nous baisser pour l'atteindre, un ciel si terre à terre qu'on peut toujours l'acheter si on ne peut pas le gagner ! Hélas ! elles sont nombreuses, nous le savons, dans l'Eglise catholique, ces âmes en souffrance à qui ne suffit pas cette religion de surface, mais qui voudraient creuser plus avant ; et nous sympathisons de cœur avec elles, ayant passé comme elles par cette « voie douloureuse, » et trouvé dans l'Evangile seul la paix qu'elles sont encore à chercher !...

Mais ce que nous redoutons par-dessus tout, c'est l'influence du catholicisme sur le peuple, dont il fausse les idées, et dont il flatte les mauvais penchants, au lieu de les corriger. Ce que nous lui reprochons encore, c'est d'avoir conspiré avec tous les gouvernements qui ont passé sur la France pour la maintenir, au profit du trône et de l'autel, dans une perpétuelle minorité. Et comment n'en serait-il pas ainsi ? Comment l'homme qui a remis sa conscience dans les mains d'un autre homme, qu'il autorise à penser et à vouloir pour lui, ne remettrait-il pas à un despote ses intérêts temporels, comme il remet à un prêtre ses intérêts spirituels? Les deux servitudes se tiennent et se lient l'une à l'autre. Ceux qui font un crime à notre pauvre peuple de son impuissance à se conduire lui-même, de ses faux pas, de ses chutes même, depuis qu'il s'essaye à marcher sans lisières, devraient en demander compte, non pas à lui, mais à ses tuteurs, qui n'ont jamais su lui enseigner un milieu entre la révolte et la servilité.

Ce que nous reprochons enfin au catholicisme et à l'ultramontanisme, son dernier mot, c'est d'être en flagrante contradiction avec tous les instincts de la société moderne, qui veut la liberté, avec la loi pour frein et pour appui. Dans ce sanglant creuset, où l'Europe est appelée à se refondre, et où la France est entrée la première, quelle recette a trouvée Rome pour rasseoir sur ses bases une société qui chancelle? Faire du pape un Dieu! Elever, au-dessus des trônes qui s'écroulent, un trône spirituel à l'abri de toutes les révolutions, et plus près du ciel que de la terre. Voilà tout ce qu'a su inventer la catholicité réunie en concile! Rompre en visière avec le temps actuel et ses aspirations les plus légitimes, rétrograder quand le monde veut marcher en avant, dépasser en ignorance et en docilité le moyen âge lui-même, et reculer jusqu'à ses ténèbres, quand l'humanité a soif de lumière et de liberté, voilà ce qu'en plein dix-neuvième siècle Rome vient de réaliser sous son pape Pie IX, le vicaire de Jésus-Christ sur la terre !

Regardons autour de nous le spectacle que nous offre l'Europe ; comparons les trois races latines, avec Rome à leur tête et l'ultramontanisme pour drapeau, aux races teutoniques et anglo-saxonnes, portant haut et ferme le drapeau de l'Evangile, et non, comme on l'a trop répété, celui du libre examen, principe stérile comme toute négation! Nous le demandons à tout homme impartial : entre l'Espagne, l'Italie et la France d'un côté, et de l'autre l'Angleterre, la Suisse, la Hollande, la Suède, l'Allemagne évangélique et les Etats-Unis, où est la vie, où est l'avenir, où la moralité, où la liberté entrelacée avec la foi? Où sont les institutions, républicaines ou monarchiques, peu importe; mais élastiques et durables à la fois, qui échappent aux révolutions par un heureux mélange d'initiative dans le pays et de stabilité dans le pouvoir? Où trouve-t-on réalisé ce juste milieu entre l'anarchie et le pouvoir absolu que la France cherche en vain depuis un siècle? Où cette foi éclairée, cette obéissance volontaire et passionnée que saint Paul, dans son magnifique langage, appelle « la liberté glorieuse des enfants de Dieu? » Est-ce à Rome, est-ce à Madrid, est-ce en France même, où la seule liberté qui nous reste en fait de foi, c'est celle de tout nier, et où croire, c'est surtout obéir? Hélas! chez nous la base manque, et la base, c'est l'individu, la monade pensante qui n'existe pas en pays catholique. Là, riches ou pauvres, savants ou ignorants, tous nous grandissons sous la tutelle de l'Etat et du prêtre; arrivés à âge d'homme, nous n'avons plus qu'à choisir entre la servitude et la révolte, et le choix fait, c'est pour toute la vie !

Ultramontaine ou socialiste, à plat ventre devant tout pouvoir, ou impatiente de tout frein, l'Europe catholique n'est-elle pas tout entière dans ce contraste? Nous ne parlons pas ici de l'Espagne et de l'Italie, nous aurions trop beau jeu; mais voyez en France l'attitude provocatrice du pouvoir clérical et du parti légitimiste, son allié séculaire; ont-ils rien oublié, ont-ils rien appris? Notre vieil ordre social est-il de force à résister aux tempêtes, s'il s'appuyait encore sur ces deux étais vermoulus, le droit divin et l'infaillibilité des papes, en attendant celle des rois? Et si la France en croyait les velléités belliqueuses de son épiscopat, n'irait-elle pas à sa voix, dans une croisade plus insensée encore que toutes celles de saint Louis, déchaîner encore une fois sur elle la guerre étrangère, en attendant la guerre civile ?

Enfin, est-ce seulement au nom du progrès et de la liberté politique que nous déclarons le catholicisme, tel que Rome vient de le définir, incompatible avec la société moderne ? Non, le plus grave, le plus irrémissible de tous nos griefs contre lui, c'est qu'il détourne les âmes de la voie du salut au lieu de les y amener ; car, n'osant pas supprimer la Bible, il défend aux fidèles de la lire, de peur qu'ils ne désapprennent à obéir au prêtre en apprenant à obéir à Dieu ! Eh quoi, ce Dieu de miséricorde a envoyé son Fils sur la terre pour nous racheter, et vous sentez le besoin d'avoir, entre le Père et vous, un autre médiateur que lui ? Il vous faut une *reine des cieux*, comme celle qu'Israël, à ses heures d'idolâtrie, allait encenser sur les hauts lieux ! Il vous faut une Vierge et des saints, pour remplacer Jésus-Christ, condamné à une éternelle enfance dans les bras de sa mère, seul centre de tous les hommages, seule fondée de pouvoirs de Dieu lui-même qui a abdiqué entre ses mains ! Quoi, le Sauveur nous a laissé sa Parole, comme un testament d'amour, scellé de son sang, et vous le confisquez pour vous, en vous réservant seuls le droit de l'interpréter ; et vous jetez au peuple, comme une aumône, quelques bribes mutilées du saint volume, dans une langue qu'il ne comprend pas ! Vous enfermez sous le boisseau la divine lumière, au lieu de la mettre sur le chandelier, afin qu'elle éclaire toute la maison, et vous ne vous fiez pas assez à la Parole de Dieu pour lui laisser faire toute seule son chemin dans les cœurs. Comme les pharisiens, vos aïeux, vous dressez des *haies* (1) entre le pied du vulgaire et la terre sainte, que vos pieds seuls ont le droit de fouler, et vous ne voulez pas qu'il y ait des « chemins

(1) Le mot *pharisien* vient de *pharash* (séparer, diviser). En effet, la prétention des pharisiens était d'avoir une piété à part du commun des croyants, piété supérieure et hautaine qui se complaisait, suivant l'expression reçue dans la secte, à *mettre des haies autour de la loi*, enrichie par eux d'une foule de pratiques minutieuses et puériles.

battus » entre le ciel et nos âmes, que Jésus invite si tendrement à venir à lui !

Un dernier mot encore : il est une province de France, la plus catholique de toutes, c'est assez nommer la Bretagne, dont nous ne pouvons parler sans émotion et sans respect. Son attitude dans la guerre qui vient de finir, son dévouement patriotique, ses sacrifices sans mesure sont de nature à faire rougir d'autres provinces du centre et du midi qui n'ont payé qu'à regret au pays leur dette d'or et de sang. Asile séculaire des vieilles mœurs et des vieilles croyances, la Bretagne est peut-être le seul coin de la France où ces trois mots « Dieu, le roi, la patrie, » parlent encore aux cœurs, et soient unis l'un à l'autre par d'indissolubles liens. Le catholicisme n'a jamais façonné à son image une population dont il pût être plus fier, et qui portât plus fidèlement son empreinte... Et cependant, en bonne conscience, pouvons-nous conseiller à la France tout entière de se modeler sur la Bretagne pour devenir, pour demeurer à jamais ce qu'elle est? Ne faudrait-il pas pour cela reculer de plusieurs siècles en arrière, et s'arrêter tout court dans la voie du progrès? Non, contentons-nous d'honorer, dans cette antique et noble province, si fidèle au culte du passé, un échantillon vivant du moyen âge, un reste attardé d'idées et de mœurs qui ont fait leur temps, et ont passé pour ne plus revenir. Respectons ces convictions religieuses qui ont fait sa force dans la lutte, mais qui feraient au besoin, le jour où il faudrait choisir entre Rome et la France, des zouaves pontificaux plutôt que des soldats français. Souhaitons enfin à la Bretagne de se remettre en route, après ses dix siècles de halte, dans les voies de la vraie civilisation, celle de l'Evangile, et de rester la plus pieuse de nos provinces sans en être en même temps une des plus arriérées !

VII

CONCLUSION

Il est temps de conclure enfin : l'insurrection de Paris est morte de sa belle mort, après avoir trop vécu pour l'honneur de la France! Les Prussiens vont partir emportant nos dé-pouilles, et évacuer peu à peu nos provinces dévastées, sauf celles qu'ils ne doivent plus nous rendre. Paris, affranchi du joug de l'émeute, va voir revenir tous ces honnêtes citoyens qui n'ont su que fuir devant elle, au lieu de la combattre. La France s'est retrouvée elle-même! Elle a retrouvé son armée, son crédit, presque son unité dans les dernières élections... Et à présent, que lui reste-t-il à faire? Que va faire l'Europe, attentive à ces sanglants débats, gros pour elle de tant de menaces?

Un fait domine toute la situation : ce fait, c'est que de l'insurrection de Paris date une ère nouvelle, non pas pour la France seulement, mais pour l'Europe. La guerre sociale a commencé, la guerre étrangère doit finir! La lutte entre la Prusse et la France était une lutte fratricide; nous avons semé le vent, nous récoltons la tempête! Les peuples civilisés n'ont plus le droit de se faire la guerre; tous maintenant doivent se sentir solidaires, et réserver leurs forces pour tenir tête à ces nouveaux barbares que chacun d'eux nourrit dans son sein. La société, toujours menacée, toujours remise en question, ne doit plus avoir qu'une pensée, celle de se défendre. « Etre ou ne pas être, » telle est pour elle la question. A chaque guerre que l'ambition des rois déchaînera sur l'Europe répondra partout la même explosion de haines anti-sociales, car dans chaque nation il y a deux nations, sœurs et ennemies, condamnées à vivre ensemble et à se haïr, en attendant l'heure d'en venir aux mains !

Mais cette heure-là il ne faut pas qu'elle vienne ! Comme citoyens, comme chrétiens, nous devons tout faire pour l'éviter. La dure leçon que nous venons de recevoir doit profiter à nous d'abord, puis à l'Europe. Il ne faut pas que tant de sang ait coulé pour rien ! A côté du droit de se défendre, la société a aussi des devoirs à remplir qui se résument tous dans un seul : prévenir pour n'avoir pas à réprimer ! Certes, ils sont bien égarés, bien criminels ces ennemis de tout ordre social que notre brave armée a terrassés dans Paris; mais les torts sont-ils tous de leur côté ? Et maintenant qu'ils sont punis, justement punis, ne peuvent-ils pas, du fond de leurs prisons et de leurs bagnes, dire à la société triomphante : « Vous êtes la plus forte, vous nous châtiez, c'est bien; mais qu'avez-vous fait pour nous? Vous vous plaignez de l'égarement de nos esprits, mais qu'avez-vous fait pour les redresser? Vous nous accusez de vous haïr, mais qu'avez-vous fait pour vous faire aimer? » Oui, Etat, Eglise, individus, nous avons tous notre part de torts envers ces pauvres, ces déshérités sur qui l'ordre social pèse de tout son poids. Notre Sauveur, qui les aimait d'un si tendre amour, a passé sa vie avec eux; il est mort pour eux sur la croix, et nous, le moins que nous puissions faire pour eux, n'est-ce pas de les instruire, et de les relever à leurs propres yeux en guérissant leurs misères morales, plus poignantes encore que leurs misères matérielles ?

L'œuvre, on le voit, est religieuse encore plus que sociale. Rapprocher le riche du pauvre, faire qu'ils se rencontrent sans se heurter, tel est le problème à résoudre. Ce sont là de ces lois qui ne s'inscrivent point dans les codes humains, mais dans celui du divin Législateur ! Toutefois, au point de vue politique, la société a aussi sa tâche à remplir : c'est de fonder l'ordre public sur des bases solides, d'empêcher le retour de l'insurrection, soit dans Paris, soit dans nos grandes villes où l'émeute, toujours prête à éclater, n'attend que le signal. Tout en fermant les plaies de la guerre civile, il faut protéger le corps social contre de nouvelles blessures. Comment atteindre ce but, sacré pour le citoyen aussi bien que pour le chrétien? On a donné assez de gages à l'ordre, il faut maintenant en donner aussi à la liberté en écartant toute idée de réaction. Ainsi seulement on pourra désarmer les défiances et les haines, et ôter tout prétexte à ces âmes, faciles à égarer, que toute insurrection trouve toujours prêtes à s'enrôler sous ses drapeaux. Notre infortuné pays, sans cesse promené, depuis quatre-vingts ans, de la République à la Monarchie, toujours sauvé de l'anarchie par le despotisme, a besoin de se reposer dans un loyal essai de la République, noble idéal que n'ont pu défigurer à ses yeux tant de sanglantes parodies. Oui, il faut bien le confesser, en dépit de ces beaux rêves de royauté constitutionnelle qui ont bercé notre jeunesse, la monarchie, depuis vingt ans surtout, a fait tout ce qu'elle a pu pour désabuser d'elle ses plus fervents adorateurs. Elle n'a pas su donner au pays l'ordre qu'elle lui avait fait acheter aux dépens de ses libertés, et de réaction en réaction, elle l'a conduit au fond de l'abîme d'où il s'agit de le tirer.

A la République maintenant de reprendre la tâche que la Monarchie n'a pas su remplir! La France vient de parler par ses élections, et nous devons nous incliner devant elle, car la voix du peuple, cette fois, a bien été la voix de Dieu. La grande majorité du pays veut la République en ce moment, le reste la regarde et l'attend à l'œuvre. Eh bien, qu'elle accepte courageusement la tâche qui lui est échue : qu'elle essaye de nous délivrer, non plus des ennemis du dehors qui ne sont pas les plus à craindre, mais de ceux du dedans, du déchaînement de toutes les passions mauvaises, de l'impatience de toute supériorité et de tout frein, pentes fatales sur lesquelles ont glissé les républiques anciennes pour arriver à la Grèce de la décadence et à la Rome des Césars.

Au fond, l'esprit chrétien et l'esprit républicain sont faits pour s'entendre ; aussi ne demandons-nous pas mieux que de croire à la République ; pour l'accepter nous ne lui faisons qu'une condition, c'est qu'au lieu de descendre jusqu'à la France, elle la relève jusqu'à elle. Mais, nous ne saurions trop le répéter, l'œuvre ardue, l'œuvre glorieuse du relèvement moral de notre pays, avant d'être même essayée dans le domaine de la politique, doit s'accomplir dans celui de la religion. Constituer la France en république est chose facile, un coup de main y suffit ; mais ce qui l'est moins, c'est d'y fonder le règne des lois, et de lui donner les vertus sans lesquelles une république ne peut pas vivre. Or ces vertus procèdent toutes d'une seule : la foi, qui garantit toutes les autres. Les républiques païennes avaient aussi leur foi, l'idolâtrie de l'Etat ; elles ont péri pour avoir tout sacrifié à cette sanglante et despotique idole qui immolait sur son autel jusqu'à la conscience du citoyen. Les *Républiques chrétiennes* (nous ne parlons ici que de celles qui méritent ce beau nom, et non de celles qui le déshonorent) ont vu toutes la religion s'asseoir près de leur berceau. Sans ce fort ciment du christianisme qui a soudé, d'un bout du continent à l'autre, à l'heure de la sécession, tout ce grand corps des Etats-Unis qui pliait sous son étendue ; sans ce levain puissant qui l'a purgé de la lèpre de l'esclavage, au prix du sang d'un demi-million de citoyens, croit-on que la fédération américaine eût survécu à une pareille secousse ? Abandonnée à elle-même, elle se serait brisée au premier choc ; et pourtant elle subsiste encore, plus forte que jamais, après cette redoutable épreuve, et, de sa rive lointaine, elle montre comme un phare à notre pauvre Europe, brisée sur tant d'écueils, le port qui l'attend après les orages.

Mais pour que la loi règne dans un Etat libre, il faut d'abord que Dieu y règne dans les cœurs. Le respect de la loi humaine naît du respect pour la loi divine, idéal de toute loi sur la terre, même avant qu'elle ne soit écrite. Ce sont deux cultes, non pas rivaux, mais alliés, et dont l'un doit précéder l'autre. Quelques pauvres exilés, emportant avec eux d'Angleterre la liberté de conscience, ont fondé sans s'en douter la puissante République qui devait naître de ce germe ignoré, porté par les vents de l'autre côté de l'Atlantique. L'Etat chrétien y est né ainsi un siècle avant l'Etat politique, comme pour lui faire enfoncer dans le sol une racine plus profonde. Et la Suisse, ce coin de terre libre que le pied du despotisme a oublié de fouler! Croit-on qu'elle eût subsisté aussi longtemps au centre de notre monarchique Europe, avec tous ses éléments de discorde, ses trois langues et ses deux religions, si sa vivace nationalité ne se fût retrempée au souvenir de la foi de ses pères, vieux drapeau qui, aux jours du danger, rallie encore autour de lui tous les enfants de la patrie commune?

Une belle et haute mission est échue en ce moment à la France si elle sait se tenir à la hauteur de la tâche que Dieu lui a confiée : c'est de montrer au monde qu'une grande République n'est pas plus difficile à fonder qu'une petite, et que sa vitalité se mesure, non à l'espace qu'elle occupe, mais aux principes qui la dirigent. En retard de deux ou trois siècles sur d'autres peuples au point de vue de la liberté, la France, en 1792 et en 1848, a cru regagner le temps perdu en se constituant en *République*, comme si ce mot et celui de liberté étaient nécessairement synonymes. Les deux essais ont échoué, nous avons dit pourquoi ; l'Europe attentive regarde en ce moment ce qui adviendra du troisième. Quand le mot de *Répu-blique* signifiera le *Règne de la loi*, nous ne redouterons pas pour celle de 1870 le sort de ses deux aînées, mortes avant d'avoir vécu. Nous avons vaincu l'anarchie dans la rue, sans payer cette fois de nos libertés le service que l'armée nous a rendu. Il faut vaincre maintenant l'anarchie dans les âmes, ramener les esprits égarés, réveiller les consciences endormies. L'hydre de l'insurrection est terrassée, au moins dans Paris; à présent c'est aux partis de désarmer (nous parlons de ceux qui ont au fond du cœur un reste de patriotisme), et de laisser la République essayer ses chances en toute liberté; car n'eût-elle fait que liquider une situation aussi embarrassée, conclure la paix, et écraser la *Commune*, elle aurait rendu au pays un de ces services qu'on ne saurait trop payer.

Enfin, n'y a-t-il pas quelque chose de providentiel à voir, au moment même où la République se fonde, crouler la vieille et somptueuse demeure qui a si longtemps abrité la Monarchie? Ces Tuileries que la Révolution de 48, que la *Terreur* elle-même avaient respectées, viennent de périr sous la torche d'une horde d'incendiaires. L'Empire se sent comme condamné de nouveau par ce second arrêt de la justice divine. Les prétendants de toute date qui, du fond de leur exil, regardaient aux Tuileries comme à leur point de mire, ne se sentent plus, dans ce Paris découronné, un toit pour les recueillir! Sans doute, pour l'honneur de la France, on doit regretter d'avoir vu disparaître dans un jour de tempête ce résumé vivant de notre histoire, cette royale hôtellerie, toujours ouverte aux dynasties qui se succédaient sous son toit, muet emblème qui nous parlait, comme la Colonne, de temps qui ne doivent plus revenir. Mais le juge suprême a prononcé son arrêt : après les Prussiens, la *Commune*; après Saint-Cloud, les Tuileries! Et ce symbole éloquent, ces ruines vivantes, qu'on n'osera pas restaurer, n'ont-elles pas une voix pour nous dire : « Il faut s'incliner devant un Roi dans le ciel, quand on n'en veut pas reconnaître sur la terre! »

FIN.

PIÈCES JUSTIFICATIVES

N° 1, PAGE 25.

Il ne faut pas croire cependant que tous les chrétiens de l'Allemagne partagent ces vues de la science et de la piété prussiennes sur l'infériorité des races latines, et sur l'abaissement de la France. On lira avec intérêt la traduction suivante d'une lettre insérée dans le *Zeit-Schrift für die Lutherische Theologie;* on sera frappé du caractère d'équité calme et de haute impartialité qui distingue cet écrit, dont l'auteur nous est inconnu.

« Non! les derniers événements n'ont pas plus ébranlé mes convictions religieuses que mes convictions politiques. Après comme avant, je ne fais pas mon dieu du succès, qui vient toujours d'en haut; je n'ai pas adopté pour devise ce dogme, partout professé aujourd'hui : « La force prime le droit. » J'aime mieux rester seul avec quelques amis, et supporter avec eux, puisqu'il le faut, l'outrage et la calomnie, que de faire chorus avec des partis sans conscience et sans foi! Qu'on ne me dise donc pas que c'est par caprice que les Français ont entrepris la guerre actuelle : des libéraux athées ou des conservateurs piétistes peuvent le croire, ou en faire semblant! Mais en honnête Allemand, en loyal protestant, qui met la foi chrétienne bien au-dessus de toute la politique du monde, j'ai déjà, depuis dix ans, reconnu que tout ce qui se passe aujourd'hui ne pouvait pas s'éviter. La coûteuse réorganisation de notre armée ne pouvait avoir pour but que des guerres de conquête. La guerre civile de 1866 était le point de départ d'une ère où l'or et le sang des Allemands devaient être sacrifiés à des ambitions dynastiques. Les « Révélations » de Berlin me prouvent, il est vrai, que la rouerie des bords de la Sprée a été plus grande que l'astuce des bords de la Seine, mais je ne saurais trouver, ni d'un côté ni de l'autre, la moindre trace de droiture et d'honnêteté. Si l'Autriche avait eu le dessus en 66, les Français seraient accourus en alliés fort bienvenus au secours de la Prusse, comme ont fait à la même date les Italiens. Les « Révélations » ne laissent à ce sujet aucun doute. Si à présent Napoléon doit avoir le dessous et perdre sa couronne, si la France doit se voir enlever sa suprématie, tous deux ne récolteront que ce qu'ils auront semé ; et nous devons tous le souhaiter, car ainsi seulement peut être détourné de la patrie allemande le fléau de l'invasion française. Mais la responsabilité de la guerre actuelle doit peser sur d'autres, et la justice divine saura bien leur en demander compte à l'heure des rétributions. Car devant le Seigneur « il n'y a pas d'acception de personnes, » et s'il retarde le châtiment, ce n'est pas pour nous en dispenser.

« Je ne peux voir sans une tristesse profonde l'aveuglement de notre pauvre peuple, qui n'a pas su tirer des événements de 1813 à 1815 la leçon qu'ils enfermaient ; qui se rue de nouveau sur la France, « l'ennemi héréditaire » de l'Allemagne, comme si, au dix-neuvième siècle, il fallait chercher cet ennemi en dehors de nos frontières ! Et quand même tout irait pour le mieux, quel sera le fruit de cette horrible effusion de sang ? Qu'on aura acheté l'Alsace, la Lorraine et peut-être la Bourgogne au prix du dernier reste des libertés, de la foi, de la moralité de l'Allemagne ; et tout cela pour glisser sur la pente fatale, inévitable, d'un despotisme militaire qui ne regarde qu'à ses fins, et n'a d'or que pour ses souteneurs ; qui encourage de tous ses efforts le règne de Mammon et celui du matérialisme, de la frivolité et des jouissances grossières des sens, et qui finira par nous amener à une vraie barbarie orientale. »

<hr>

N° II, page 36.

La lettre suivante a été écrite par un chrétien de l'Alsace à un homme d'Etat prussien, qui est aussi un des chrétiens les plus distingués de l'Allemagne. Cette lettre a produit en Alsace une profonde sensation :

« Très-honoré frère et ami,

« Je vous remercie de votre lettre. L'affection que vous voulez bien m'y témoigner, quand même elle n'a pas atteint le but qu'elle se proposait, m'a fait du bien. Permettez-moi maintenant d'y répondre en toute liberté et en toute franchise : Je compte sur votre indulgence paternelle, et vous demande pardon d'avance de ce qui, dans ma lettre, pourrait vous froisser.

« Dès longtemps j'avais le pressentiment que, dans la guerre entre nos deux pays, ce serait la France qui serait battue. Quoique toutes nos défaites m'aient atteint au cœur, je me disais : « C'est « le Seigneur qui frappe, » et j'ajoutais en pleurant : « Merci, ô « mon Dieu, si tu nous humilies, c'est pour notre bien ! »

« Oui, Dieu nous fait du bien quand il brise notre orgueil. Depuis des années, je voyais la France atteinte d'une maladie incurable. L'ulcère rongeait tous ses membres, il attaquait jusqu'à la moelle, et pour le guérir, il fallait faire à la plaie une entaille profonde pour en faire sortir tout le sang vicié..... Et je n'étais pas le seul à m'en apercevoir : Dans le peuple comme dans les classes les plus élevées, j'entendais des voix répéter : « Il faut qu'il nous arrive « quelque chose, et c'est de Dieu que cela nous viendra ! » Mais si nous nous laissons châtier et redresser par lui, aucun sacrifice ne sera trop grand, et nous pourrons encore le bénir !

« Jusqu'ici nous sommes d'accord ; mais j'arrive au point où nous nous séparons, et c'est ici que je réclame toute votre indulgence.

« Dans cette guerre, Dieu a été contre nous ; à chaque bataille, moralement, nous étions vaincus avant d'en venir aux prises, car Dieu nous avait livrés aux mains de nos ennemis. Ouvrez le prophète Habacuc (ch. I), et vous y trouvez la devise de la Prusse : « La force prime le droit. » Au lieu des Chaldéens, lisez les Prussiens, et vous y retrouverez tout, jusqu'aux uhlans !

« Jusqu'ici tout était dans l'ordre : nous avions appelé le châtiment d'en haut, et il était descendu sur nous. L'Allemagne avait sauvegardé son territoire, humilié la France, réduite à l'impuissance. Il suffisait d'y ajouter la démolition des places fortes de la frontière, la suppression de l'armée permanente. A ces conditions, le roi de Prusse aurait assuré la gloire et la paix de l'Allemagne, et nous aurait rendu en même temps un service signalé, car tout le mal vient de la vie désordonnée du soldat en campagne. Les troupes allemandes seraient retournées dans leurs foyers ; les maris, les pères, auraient été retrouver leurs femmes et leurs enfants ; le travail aurait repris son cours, l'ordre se serait rétabli partout.

« Voilà pour la politique ! Au point de vue religieux, j'ajouterai quelques mots. On dit votre roi pieux, et beaucoup de ses conseillers aussi. En leur qualité de chrétiens, les Prussiens n'étaient-ils pas tenus à se montrer miséricordieux, d'abord envers leurs propres soldats, dont la vie des camps altère à la fois la santé et les mœurs? Còmbien de ménages n'ont-ils pas été troublés par cette longue séparation? Combien de veuves et d'orphelins en deuil?

« Et la Prusse! ne devait-elle pas aussi avoir quelque compassion de la France abattue? « Aimez vos ennemis! » dit le Sauveur au roi Guillaume et à ses conseillers, « bénissez ceux qui vous « maudissent, faites du bien à ceux qui vous haïssent. »

« Et pourtant, au commencement, du côté de la France, il n'y avait point de haine. Le peuple ne voulait nullement la guerre; le *Oui* du *Plébiscite* signifiait clairement : « Nous voulons la paix. » Quand l'empereur s'est décidé à attaquer la Prusse, nous n'étions pas prêts à combattre. Le pauvre peuple pouvait-il empêcher Napoléon et M. de Bismark de jouer ensemble aux échecs depuis six ans, et celui-ci d'être un plus habile joueur que l'autre?

« N'y a-t-il donc plus de pitié, plus de compassion dans les cœurs prussiens? La fumée des villes, des villages incendiés s'élève vers le ciel pour les accuser. Les gémissements des populations, privées de travail et de pain, montent vers le Seigneur, et son cœur est touché de leurs plaintes. Tous les peuples voisins sont émus, le cœur et la conscience parlent chez eux, mais ils restent muets chez les pieux Prussiens! Au lieu de conclure la paix, que font-ils? Ils prennent goût au métier, et continuent la guerre.

« Il y a là un triple péché : En 1813, le roi de Prusse a bien fait de soulever son peuple contre Napoléon; c'est une gloire bien acquise que celle des soldats qui ont défendu leur pays contre l'invasion française. En 1870, notre gouvernement nous a aussi appelés aux armes. Francs-tireurs et gardes nationaux ont été enrôlés, conformément aux lois. Mais ceux-là, le roi de Prusse les fait fusiller. Un de ses décrets porte que, pour chaque Prussien qui aura été tué par les francs-tireurs, quatre Français seront mis à mort, *innocents ou coupables*. Ceci, ce n'est plus de la guerre, c'est du meurtre! On célèbre la gloire des volontaires prussiens de 1813, et les volontaires français de 1870 sont fusillés par les pieux Prussiens, aux cris de « Dieu pour le roi et pour la patrie! »

« Le pays est ruiné, et cependant les réquisitions vont leur train. Depuis quatre mois tout travail est suspendu. Les passages continuels de troupes enlèvent au paysan jusqu'à son dernier sou, et pourtant il lui faut encore payer un impôt régulier de 2 fr. par tête et par mois. Dans notre vallée, la misère est au comble, les gens mangent leurs pommes de terre sans pain, sans beurre et souvent sans sel. Mon village compte huit cents âmes, et quoiqu'affamé et ruiné, il doit encore payer 1,600 fr. par mois. Il faut appauvrir à jamais notre pauvre pays d'Alsace, pour le mettre hors d'état de nuire. Ainsi le veut la politique, mais qu'en dit le Seigneur?

« Enfin, vous nous dites, après nous avoir annexés de force à la Prusse : « N'abandonnez pas votre patrie; c'est justement parce qu'elle est battue qu'elle a besoin de l'affection et des prières de ses enfants. » Eh bien! ce n'est pas l'Alsace, seulement, c'est la France qui est ma patrie, et je ne l'ai jamais aimée comme je l'aime à présent. Oui, je veux demeurer Français, je veux souffrir avec mon pays, je veux partager son humiliation et ses misères. Tous les Alsaciens, tous les Lorrains pensent comme moi. Chaque goutte de notre sang est française; le corps de la France saigne, et nous sommes sa chair vive, les Allemands le savent bien! Ils ont aussi l'Evangile, et ils peuvent y lire ces paroles : « Que chacun « ne songe pas seulement à son propre intérêt, mais à celui d'au-« trui. » Et encore : « Aime ton prochain comme toi-même. »

« Et cependant ils ont décidé l'annexion? Ils auraient pu se dire : Puisque Dieu a daigné garder notre pays de l'invasion, puisqu'il nous a donné la victoire, nous voulons le reconnaître en étant charitables avec nos voisins, et ne pas leur faire le mal que nous avons si fort redouté de leur part. Nous voulons, par crainte de Dieu, nous garder de toute dureté, afin qu'il continue à nous bénir. Assez de douleurs, assez de sang versé! Nous aussi, nous avons nos deuils et nos tristesses, mais nous voulons les sanctifier en étant miséricordieux envers l'ennemi qui nous les a causés.

« Mais non! Il faut annexer l'Alsace, et les Allemands chantent à plein gosier : « Louons et bénissons Dieu! » Et ils sont sans pitié envers leur prochain! Ils savent pourtant que la pensée de l'annexion nous ronge comme celle de la mort, que mourir sur un champ de bataille n'est rien auprès de cette mort lente, au milieu des tortures..., et ils demeurent saintement cruels et sourds à toutes nos plaintes!

« Devant cette froide cruauté, le frisson vous saisit. Un païen peut être cruel, on n'a rien d'autre à attendre de lui. Napoléon sans doute a traité bien durement l'Allemagne, mais le scandale était moindre, car c'était un Napoléon! Mais quand les Allemands se montrent à la fois cruels et pieux, quand ils vous disent : « Nous

« sommes le peuple de Dieu, » et qu'en *même temps* ils haïssent avec volupté le peuple qu'ils appellent leur *ennemi héréditaire,* (aucun peuple, hors les Allemands, n'a plus d'ennemi héréditaire.) voilà ce qui vous scandalise, et « malheur à celui par qui vient le « scandale ! »

« C'est pourquoi je veux, je dois quitter l'Alsace, si je ne puis rester Français. Je serai tout ce qu'on voudra, pourvu que je ne sois pas Prussien ; car je veux sauver mon âme, et je ne connais rien de plus antichrétien que ce christianisme-là. Cela ne m'empêche pas d'aimer sincèrement l'Allemagne, de lire ma Bible allemande, de vivre de poésie, de musique allemandes, et de reconnaître tout ce qu'il y a de noble dans le caractère allemand. Je ne *peux pas* être contre l'Allemagne, mais j'aimerais mieux aller mourir au fond de l'Illinois, dans les États-Unis, que de devenir Prussien ; car je sens qu'il n'y a rien de plus opposé au caractère allemand que la piété prussienne !

« Si je ne peux pas demeurer ici en qualité de Français, il faut que je parte ! S'il y a encore en nous quelque chose de bon, c'est l'amour de la patrie. C'est le dernier sanctuaire qu'on nous ait laissé. Vienne l'annexion, et le sanctuaire est détruit. Non ! je n'aurais pas la force d'assister de sang-froid à une ruine pareille. Je ne suis pas de force à supporter ce supplice lent, pour moi et pour ceux qui m'entourent !

« A cause de mes fils, aussi, il faut que je parte ! Comme moi, ils aiment leur pays, je ne peux pas les condamner à assister à son agonie morale, qui peut durer deux cents ans, si le monde a encore autant à vivre ! Ils s'aigriraient dans leurs cœurs, et l'Evangile nous dit : « N'aigrissez pas vos enfants. »

« Si je pars, je partirai malgré moi, le cœur brisé, comme tant de milliers d'Alsaciens, condamnés à s'expatrier. Par l'annexion, la Prusse va faire encore plus pour ruiner l'Alsace que par l'inutile et odieuse destruction de Strasbourg. Mais qu'importe ? La devise de la Prusse sera toujours : « Dieu pour le roi et pour la patrie ! »

Nᵒ III.

LA CHANSON DU SOLDAT ALLEMAND (*Ich bin Soldat*).

Je suis soldat! Mais quand j'endossai l'uniforme,
Personne, hélas! ne m'a demandé mon avis.
On m'a, comme un chevreuil, traqué; sans plus de forme
La caserne sur moi se ferma, j'étais pris!
Oui, loin de mon pays, loin de ma bien-aimée,
De tout ce que j'aimais, il m'a fallu partir!
Oui, quand j'y songe, au cœur la haine envenimée
Me monte... Ah! de chagrin l'on ne peut pas mourir!

Je suis soldat, c'est vrai! L'habit du roi Guillaume
Je le porte à regret, mon habit bleu de roi.
Sous la tente, je pense à mon vieux toit de chaume,
Et ce sabre... un bâton vaudrait bien mieux pour moi!
Ah! dites-moi, pourquoi des soldats et des armes,
Quand tous nous avons soif de repos et de paix?
Pourquoi des pauvres gens faire couler les larmes,
Et fouler sous nos pieds l'or de leurs blonds guérêts?

Je suis soldat! Le jour, la nuit, toujours à l'œuvre,
Veiller, monter la garde au lieu de travailler;
Toujours recommencer l'éternelle manœuvre,
Et de loin, en tremblant, saluer l'officier.
Sur un champ de bataille aller tuer des frères,
De sang-froid, sans haïr celui que l'on combat!
Puis, mutilé, traînant ma faim et mes misères,
Tendre à la charité la main du vieux soldat!

Vous, Français, Allemands, vous, mes amis, mes frères,
Vous, Danois, Hollandais, Hongrois, Italiens,
Sous toutes les couleurs, sous toutes les bannières,
Ah! laissez un ami vous tendre les deux mains!
Du joug de nos tyrans pour délivrer la terre,
Sur le sol allemand transportons le combat.
Laissons les rois entre eux se déclarer la guerre,
Moi, de la liberté je veux être soldat!

Paris. — Typ. de Ch. Meyrueis, rue Cujas, 13. — 1871.